为 人 生 提 供 领 跑 世 界 的 力 量

BLACK SWAN

时间，快与慢

Gefühlte Zeit

(德)马克·维特曼 著
陈惠雯 任扬 译

Kleine Psychologie des Zeitempfindens

文化发展出版社
Cultural Development Press

图书在版编目（CIP）数据

时间，快与慢 /（德）马克·维特曼著；陈惠雯，任扬译.—北京：文化发展出版社有限公司，2016.11
ISBN 978-7-5142-1514-4

Ⅰ.①时… Ⅱ.①马… ②陈… ③任… Ⅲ.①时间－管理－通俗读物 Ⅳ.①C935-49

中国版本图书馆CIP数据核字（2016）第227298号

版权登记号：01-2016-7627
Gefühlte Zeit by Marc Wittmann

时间，快与慢
著　　者：（德）马克·维特曼
译　　者：陈惠雯　任　扬

责任编辑：肖润征
出版发行：文化发展出版社（北京市翠微路2号　邮编：100036）
网　　址：www.wenhuafazhan.com
经　　销：各地新华书店
印　　刷：河北鹏润印刷有限公司

开　　本：787mm × 1092mm　1/32
字　　数：126千字
印　　张：7.5
印　　次：2017年1月第1版　2017年1月第1次印刷
定　　价：36.80元
I S B N：978-7-5142-1514-4

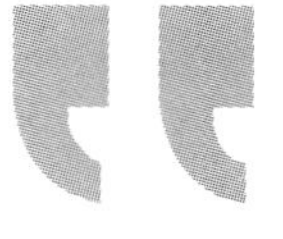

谨以此书献给我的父母和兄弟姐妹、我的侄子侄女，

还有所有和我一起分享过美好时光的人。

近年来，心理学和脑研究学已经成功地解答了许多有关人类时间意识的问题。读者通过本书可以了解到我们的大脑到底是怎样运转，我们的时间持续感是怎样形成的。此外，读者还会明白，如果想要获得人生的成就，科学理性地对待时间远比智商值重要。我们决不能束手无策，任由时间摆布，而是要通过集中注意力去主导时间。

在日常生活中，我们对时间的感知决定我们做何决定：我是应该等电梯还是走楼梯？我是现在排队还是过会儿再来？许多经济问题也取决于时间：我是应该为了长远利益存钱呢，还是当下消费去买心仪已久的汽车？此外，我们对时间的感知还会决定我们成长过程中的行为。有一天，我们会突然意识到，我们不再是以前年轻的小伙子或者小姑娘了。那时我们会惊讶地发现，随着我们年龄的增长，时间过得越来越快。其实，我们的时间体验就是我们自己的成长故事。从某种程度上来说，我们即时间，我们的时间感可以反映我们的生活方式，也可以反映我们自己。总之，幸福美好的生活需要我们能更成熟地对待自己所感受到的时间。

马克·维特曼教授生于1966年。1998年获得德国为医学心理学领域设置的彼得雅克布奖。2000年至2004年，曾担任路德维希－马克西米利安－慕尼黑大学人类学研究中心代际研究项目组的组长。2004年至2009年，参与了加州大学圣地亚哥分校精神病学系的人类学研究。从2009年起，任职于弗莱堡前沿学科机构的心理学和心理卫生学部门。

目录

001 序言　被消失的现在与被消灭的无聊

013 前言

017 第一章　时间的短视现象：关于等待能力

047 第二章　探索大脑内置计时器

071 第三章　被感知的当下：当下的 3 秒

099 第四章　生物钟：我们为何需要时间

135 第五章　长短人生

165 第六章　时间赢亏：本我与时间

199 第七章　身体时间：时间意义是如何产生的

225 致谢词

229 图片来源

序言 被消失的现在与被消灭的无聊

在计时装置出现之前，“活着”的感觉来自不断感知变化的当下，而掌控命运走向的密码，被封存在基因里。

基因中埋藏了呼应昼夜交替的周期节律，也设置了衰老死亡的生命周期。大部分人困倦与清醒的时间与当地光照同步；也许是原始人分工的差异，少数人变成了天生的“百灵鸟”或“夜猫子”，他们的入睡时间会提前或者推后一至三小时。人的预期寿命也有尽数：每次细胞分裂，都会造成染色体最后一段碱基——端粒的缩短，在新陈代谢中，DNA 累计着损伤与衰老的信息，最终通往生命尽头。

内在节律也是其他动物的时间感来源，在清醒—入睡—清醒的周而复始中，过去被抛在脑后，未来无从想象，只有当下的外界刺激带来的反应，成为全部的生命体验。

当人类不甘于本能驱使，试图掌控自然规律与命运轨迹，根据时间节点总结过去与计划未来的需求就产生了。时间的概念源自对“精准预测”的渴望，从而使人类区别于其他动物，成为唯一可以做出长期规划的物种。

对精确感的追求造就了人类文明发展史。从观察太阳东升西落来定义一天，到观察物体投影的运动定义小时，直到摆钟的出现，使时间的度量首次精确到秒。以秒计的钟表在生活中得到普及，不过 100 年时间。在这之后，人类快速步入现代社会，开始过上被精确测算与分割的生活。

被消失的现在

加入时间变量后，研究事物发展变化规律变得容易，这导致了科学成果的井喷，从天体运行到生命过程，这些研究被广泛用于指导生活；从预测下一场降雨的范围，到估算抽烟行为会缩短多久的寿命……以时间为坐标的图表，用各种走势曲线，将视角延伸到尚不可见的未来。

时钟见证了整个社会生产力和效率的飞速提高，更见证了每个人适应时间的挣扎努力与频繁失败。

几点起床不再取决于第一缕阳光何时出现，而是工作与学习何时开始。几点入睡也不取决于困意来袭的时间，而是当天任务是否完成。无论是否携带“夜猫子”基因，在互联网行业中，超过一半人在 23 点之后入睡。很多人用咖啡和褪黑素来制造清醒与困倦感，以适应违背身体意愿的时间进度。“睡眠相位后移”（入睡和清醒的时间均延后几个小时）成为一种需要被诊断和治疗的疾病，因为它无法匹配朝九晚五的工作设置。

现在，从“今日”变成“此时”，又具体为“这一秒”。当下成为时钟上的短暂停顿，转瞬即逝。你可以清楚定位过去事件发生的时间，也可以制订无比细致的未来计划，但你无法在日程表中找到此时此刻的位置。

严格设置的时间计划让未来变得迫近可触。人们很快意识到，“立刻”和“马上”是不诚恳的许诺，大家更需要“1 分钟后”或者“半小时后”这样精确的预估。一个员工曾这样形容他习惯拖延的老板：在公司内部，遇到一些需要讨论的事情，会选用一套别致的换算标准：马上约等于 5 分钟，5 分钟约等于 2 小时，2 小时约等于 2 天，2 天约等于 2 周，2 周约等于 2 个月。以上公式可以直接粗暴地简写为：马上约等于 2 个月。

消灭不确定性与拖延最有效的方式就是制定死线：闹钟将在 5 分钟后响起，高铁将在 1 小时 10 分钟后发车，明天上午有在另一个城市的演讲，演讲大纲需要在上场前半小时给到工作人员。死线使未来某一时间点变得重要，扭曲了靠近它的时间流逝速度，也制造出一些生产效率的巅峰时刻，那不停奔跑的数字不再是客观的时间评估工具，而是压迫着你停不下来的助力器。

死线让行动意义更清晰地指向未来，这意味着你手头正在做的事不会立刻带来回报，奖赏发生在未来的某个确定或不确定的时刻——下个月初领薪水，半年后考试，或者，不知何时才会出现的六块腹肌。对未来的想象越清晰，就越不在意眼下的感受是否令人愉快。人们称之为“延迟满足”。

现今，“延迟满足”已经成为最重要的成功学概念之一。牺牲眼下的享乐成为提升能力的必经之路。在一个充满阶层与身份焦虑的社会中，这种努力甚至被视作实现阶级跃迁的唯一机会。本书作者亦认为，为实现被社会认可的目标而能忍受延迟获得奖金的能力，是一个人进入社会中产阶级的前提。

为了让延迟时间缩短，减轻等待与忍耐带来的不舒适，人类发明了各种时间管理方式。目前最流行的是番茄时间管理法，将时间以半小时为单位划分，每专注工作 25 分钟，可以休息 5 分钟。于是，工作目标从不确定何时可以完成的任务，巧妙变成了 25 分钟后的休息。期待时间被缩短了，实现目标的未来看起来触手可及。

计数与倒计时是另外一种时间管理技术。想象你正在进行一个身体多处肌肉发力的训练动作，例如平板支撑。随着时间流逝，你越来越清晰地感觉到自己身体的“存在”，你感觉到酸胀、疼痛，甚至开始颤抖，每一秒都漫长无比，你快撑不下去了。这时候突然响起了倒数计时的声音。

痛苦突然变成了期待，注意力从自己转移到了身体之外。每个数字都像一种赞赏，坚持下来变得容易。现在，时间提醒被广泛使用于各种运动场合，帮助那些独自训练的人有效地提高总运动时间。

被消灭的无聊

计时装置不仅掌控了我们的工作节奏，也放大了无所事事的空虚，我们越来越难以接受没有目标和没有安排的时间。而本书作者对时间感这一课题的研究，正是从“无聊”这一体验开始的。

无聊不是忙碌之后的放松休息，而是无意义和不行动，不知道要做什么，也不知道即将发生什么，没有外界输入，只有自己的想法在陪伴自己。

一个受过冥想训练的人很容易度过这样的时刻：他只要把注意力集中在自己的呼吸上，专注于自己飘来飘去的念头，就可以感受专注与宁静。但对更多人来说，这是漫长而痛苦的时刻，甚至不可忍受。

最近有一个关于“无聊”的实验得出了令人震惊的结果：在封闭的实验室中，为了打发仅仅 6~15 分钟什么都做不了的时刻，71% 的男性被试者和 26% 的女性被试者会选择电击自己，有人甚至反复电击自己。对很多人来说，接受外界刺激，哪怕是令人痛苦的感觉，也比安静独处强得多。

与自己感觉独处的时间通常无比漫长，与外界互动的感觉会让时间变快。现在，消灭因无聊产生的痛苦，成为无数产业存在的理由。借由手机、耳机、iPad、kindle，只要你愿意，你可以永不切断信号的输入：坐在马桶上看书、玩手机，跑步的时候听音乐与计步提醒，甚至洗澡的时候也可以在浴室里放一些音乐。

游戏产业在这方面做得最成功。一个精心设置的游戏，一定会让每次操作都给人继续进行下去的反馈——投入与回报被精确量化，行动立即输出结果；持续行动，带来成就，逐步提升。在一个工作普遍需要延迟满足的时代，这给了人最充分的即时满足：在虚拟世界中，感受到未来掌握在自己手中。

几百年前，哲学家帕斯卡在《思想集》里说："人性的所有问题，都源自人类无法静下心来思考。（All of humanity's problems stem from man's inability to sit quietly in a room alone.）"而现在，事情则变成了：所有基于人性的产品创新，都源自对人类无法静下心来思考的洞察。或者像我一个朋友所说："不耐烦是人类进步的第一动力。"

"眼球经济"的要义，就是每次关注和点击都会被换算成商业价值。所有的商家都在穷尽智慧，让人们注意并使用自己，并因此感到时光飞逝的愉悦。这个时代不允许人在任何一种场景下无聊。如果你竟然不知道怎样打发时间，一定是因为你还没有试过下一个消灭无聊的产品。

时间，快与慢

个体特质的差异，生活状态的差异，让每个人都拥有独特的时间视角。

如果你感到时间过得越来越快，这说明你开始老了。成年人要比儿童感觉到时间过得快，年纪越大，会感觉时间过得越快，这种感知速度在 60 岁达到顶峰。但是，这种体验因人而异：一个拥有丰富的人生经历和不断变动的生活方式的人，在回顾往事的时候，比那些按部就班平淡生活的人更容易感受到生命时间的延长。

容易焦虑的人不在意现在的感受，好像活在未来，他们为尚未发生的事情而紧张不安，好像下一秒灾难就会降临。和未来可能到来的危险相比，当下的安全显得毫无意义——有洁癖的人因可能发生的细菌感染，每天花数小时反复清洁；恐高症患者因对跌落的恐惧而无法站立在海拔稍高一点的地方；对社交的焦虑可能让人在迈出家门前已经心跳过速；对未来失业的焦虑可能会让人现在选择让自己深恶痛绝的工作。

喜欢刺激与冒险的人正好相反。他们沉溺于当下的快乐，忽略可能的风险。他们热爱能带来即时感官强烈刺激的活动，例如滑雪、飙车、蹦极、吃辣、看恐怖片。他们的处世哲学是活在当下，拥抱变化，及时行乐，哪怕下一秒就会死去也不在乎。男性寻求感觉刺激的倾向比女性高得多，年轻人也比中老年人更热爱刺激。

这种时间感知的多样性，成为探索人类心理和行为的独特视角。在这本书中，作者用时间的流逝速度重新审视了这些概念：

期待：变慢的时间

期待源自将来可能的收益，使人们迫切盼望未来到来，感到现在不可忍受。收益越大，兑现周期越短，期待的感觉越强烈。

无聊：变慢的时间

无聊是一种对时间流逝的近距离感知，人们用消极的视角审视自己的现状，并感到与自身独处的痛苦。

发烧：变慢的时间

由于新陈代谢加快，生物钟变得比实际时间更快，发烧的时候，很容易把时间错误地估计得更长。

专注：变快的时间

专注的时候无法觉察到时间流逝。所有的想法都与正在做的事情有关，一种“物我皆忘”的心流体验让人感到幸福与时间飞逝。

衰老：变快的时间

随着年龄增长，人们感觉到时间流逝越来越快。这种加速的感觉在 60 岁时达到峰值。中年危机就是从时间加速开始的。

工作：变快的时间

生产力提高并没有增加闲暇时间，而是使时间节奏大幅加快，同时做几件事成为常态，多任务处理成为现代社会的必备技能。

如果说霍金的《时间简史》是在讲作为客观度量单位的时间故事，本书则从心理学的视角，诠释了作为主观感受一部分的时间感。在阅读本书的过程中，你会不停体验到对号入座的感觉，看到曾发生在自己、父母、朋友、同事身上的故事一一被复现，并通过时间视角的诠释获得新的理解。

作者说：“我们的时间体验就是我们自己的成长故事。从某种程度上来说，我们即时间，我们的时间感可以反映我们的生活方式，也可以反映我们自己。”在我看来，时间感不仅反映了自身生命体验的变化，更见证了个体被时代潮流裹挟着前进时，无可回头的挣扎和痛苦，努力与快乐。

郭婷婷

2016.11.29

前言

本书介绍了“时间感”这一概念，它是人类对时间流逝快慢以及持续长短的一种主观感受。在人类思想起源之初，时间问题就一直是个谜。何谓主观时间？这种时间感又是如何产生的？本书并不能解答所有问题，仅能对其中个别问题进行回答，来解释我们的时间感是如何形成的，为什么有的人能够很快形成自己的时间感，而有的人却要花一生的时间。过去，科学史上有一系列的发现，能够总结性地绘制出有关主观时间理论的新图式。而渐渐地，随着心理学和神经科学相关理论的发展，对于我们的时间感是如何形成的这个古老问题，我们有了全新的令人信服的回答。

另外，“时间”一词也是本书叙述的主线，这一基本概念涵盖了我们日常生活中所有行为的持续过程。在时间之网中，所有的现象忽然间就变了样。这种情况与个人的感觉、记忆、运气、语言、学业、工作成就、自我、意识、压力、疾病、自我防范意识和身体素质有关。例如：

- 是选择自由地享受当下，还是选择延迟满足，这将决定生活是否会幸福。
- 智人和愚人的大脑节奏是否相同?
- 这样的情况下，我们对时间的估计总是过长或过短，得到的总是错误的信号。
- 我们是否能够通过集中注意力来缩短反应时，以此来获得更长生命时?
- 时间意识和身体意识两者之间有什么相同之处?

何谓幸福人生？要回答这个问题，我们看待过去、现在和将来的态度很重要。或许有人会说，人们只能被动地接受过去，过去是无法改变的。但我们为了美好的当下和未来，可以从过去的经验中学习。一个人的不幸常常是由于他并不想满足于过去，这种情况并非偶然，很多人都无法轻易释怀。另外，我们又常常杞人忧天，胡思乱想。其实，我们目前的生活或是经历都只是当下。所以，我们急需培养一种当下意识，而过去之事与将来之事仅仅与我们目前所经历的当下有所联系而已。

对于时间维度的研究是有现实意义的，因为它与我们的经历以及人生密不可分。

我们即时间。

有关详情，书内具述。

第一章

时间的短视现象：关于等待能力

孩子往往不愿耐心等待，他们渴望得到即时满足。当然，谈到等待时间，用长远的眼光来看，延迟满足往往会更有效。著名的棉花糖实验早已证明，个体对待等待时间的态度会决定其在学业以及社会上所取得成就的大小。但是现在，我们的关注点不再消极。那些永远在追赶自己的时间行程，并以未来视角为导向的人，会因此丧失感知当下以及感知生命的机会。

如果某项科学研究的结论要作为重大发现刊登在报纸上，那么该项研究所提供的证据就十分重要。《南德意志报》2011 年 11 月 10 日和 11 日的报道说：如果乌鸦知道，它们只需再等一会儿便会有更好的食物，那么它们能够抑制自身当下对食物的渴求。文章还写道，其他聪明的鸟类，如果它们知道只需为此再等上 5 分钟，便能得到更美味的食物，那么它们也能学会拒绝眼前提供给它们的普通食物。[1]

人们即便饥饿难耐，也不会一见到食物便直接扑过去，这便是教育所起的作用。所以我们才能和全家一起共进晚餐，而不会因为饥饿将冰箱里的食物一扫而空。与乌鸦等食现象类似，我们也能为了烹饪或是烘焙美食等上 1 小时乃至更久的时间。我们期待一段时间之后能有更美味的食物。总而言之，在决定是立即获得一个小奖励，还是经过一段时间等待而获得一个大奖励时，等或是不等往往取决于等待是否会得到相应的回报。人们有估计持续时间长短的能力，也有对此进行自我判断的能力。一些关于鸽子、母鸡以及猴子的动物实验表明，动物对于延迟满足的时间只能持续几秒，因为它们更希望立刻吃到食物，尽管食物质量可能不佳。只有在对类人猿动物，比如说大猩猩的实验中，人们才发现，它们能够为了获得更美味的食物而等上几分钟。现在这一现象也在对乌鸦的实验中得到了证实。

除了食物这一最基本的需求之外，人们在其他多元的生活情境中也能做到延迟满足。如果一个工薪阶层的人现在能紧衣缩食，每个月都按时交养老保险费，那么几十年之后，他就能得到一笔可观的养老金。其实，许多企业的发展都是基于延迟给员工发放奖金这一政策取得的。员工个人只有经过长年累月辛勤的劳动才能为企业创造劳动果实。作家为了写一本书，必须牺牲很多个晚上和周末的闲暇时光，克制自身想要和朋友谈天说地或是看电视的欲望。许多事例表明，人们面对选择时，有的人会选择享受当下，有的人会选择为美好的明天打拼。是否延迟发放奖金的政策，不仅对一个企业未来能取得的成就影响重大，也与个人所能取得的成就息息相关，因此家长们常常给孩子们灌输“只有先做完家庭作业，才能出去玩”的教育理念便不足为奇了。许多有自制力的成人对这一时间上的选择题也是万分纠结，到底自己是去锻炼身体，现在去慢跑一圈——因为只有长期坚持不懈地锻炼才能保持健康，还是舒舒服服地坐在沙发上，看看报纸，喝喝葡萄酒呢？

那么，到底个体在时间上的抉择能力与人生成就的关系有多密切呢？美国心理学家沃尔特·米歇尔的经典实验给了我们答案。[2]这一实验的特别之处在于，这是一项时间较长的纵向研究，测试了500多位4~5岁的儿童，并且在15年后，在他们处于青春末期或是成年初期时，又对他们进行了一次访谈。这一实验即为棉花糖实验。研究人员把孩子带到一间房间里，房间的桌上有一些棉花糖，随后，研究人员告诉孩子，这些棉花糖是给你的，如果你想吃，你可以马上吃掉它，但是如果你能等到我回来再吃，那么你还能得到一份棉花糖，不过前提是，你没有吃掉第一份棉花糖。接着，研究人员就离开了房间，过了10分钟才回来。房内孩子们的一举一动都在研究人员的观察下，也会被摄像机记录下来。研究发现，孩子们为了消磨时间，并将自己的注意力从诱人的棉花糖上转移，用了很多策略。当然各自的行为表现大相径庭。有的孩子几乎立刻就吃掉了摆在他们面前的棉花糖，有的孩子一开始能坚持一段时间，然后便偷偷地咬上一口，最后一口一口慢慢地把棉花糖吃掉。当然也有一部分孩子能够等上 10 分钟。让小孩子专心致志地在房间里等上 10 分钟，正如要求在候诊室看杂志一样，对于一个成年人来说也是漫长难耐的。那些能够坚持很久的孩子会唱歌，用双手蒙上眼睛，或是去想别的事情。总之，他们都会用一些方法来转移自己对棉花糖的注意力。

15 年后的后续实验中，有将近 100 个原来参加实验的孩子接受了研究。研究人员根据大学入学考试以及家长对孩子在社会及学业能力上的评价，对他们的学业成绩进行了记录，结果显示两者具有明显的相关性。4 ~ 5 岁时在棉花糖实验中等待时间越久的孩子，15 年后，他们的大学入学成绩就越好，父母对于他们在学校的表现以及与同学相处情况的评价就越好，认为他们能更好地面对挫折。毫无疑问，学业成绩和社交能力正是当今社会衡量成功与失败的两大标准。[3] 就两次研究的时间间隔长达 15 年，以及儿童成长为青年所经历的多种因素来说，研究结果是显著的。尽管时间间隔长达 15 年，但是棉花糖实验在一定程度上能够预测孩子未来在学业以及生活中所能取得的成就。

当然，值得一提的是，要是去研究实验中的原始数据，我们还是会发现实验所得出的相关性是很理想化的。其实，还会有其他的因素决定孩子们之后所能取得的学业成就以及社交成就。但是有一点是不可否认的，即那些愿意为了第二份棉花糖而等待的孩子，能够在他们的少年期和青年期出色地完成各项任务。因此人们也可以从长远利益出发，经过深思熟虑后再判断，培养自己延迟满足的能力是否有意义。那些愿意为了第二份棉花糖而等待的孩子能够更轻松地完成家庭作业，也能更好地面对挫折，他们能听从父母和老师的话，承担起社会责任。而属于情商的一部分，所谓的挫折容忍度，即能否理性地战胜人生中逆境的能力，[4]个体可以通过调整自我感受，使自己明白，此刻的等待是为了更好的未来，因此，挫折容忍度也可被称为是对未来的“远见”。

值得注意的是，这些孩子在其他重要方面的差异却并不大。在第一项研究中，这些孩子有相似的社会背景以及相似的智商值。大多数孩子来自学术型家庭，有的家人甚至有斯坦福大学的教育背景。这也再次表明，除了智力水平这个因素之外，还有其他的因素，诸如挫折容忍度等因素，会决定孩子未来的成就。

时间的短视现象

此项研究的结论：在棉花糖实验中表现更好的孩子具有更广阔的时间视野。反之在棉花糖实验中表现不好的孩子具有更明显的现在导向性。无论是这一次还是其他有关“延迟满足”的实验都会让人觉得，尽管拥有获得更为丰厚奖励的机会，但人们往往会选择当下触手可及的小奖励，这就是目光短浅的一种表现（英语翻译为 temporal myopia）。那些将时间视野仅仅聚焦于当下的人，往往目光短浅；而那些能够超越有限的时间视野的人，更为深谋远虑。

在成人实验中，许多情况下，成人在需要做出有关时间上的决断时往往会考虑经济因素，也就是很容易将时间和金钱联系在一起。正如俗话说的，“时间就是金钱”。比如，问被试者这么一个问题：您是想现在就得到 1 欧，还是想一星期之后得到 50 欧？由于 50 欧的价值更高，因此大多数人出于理性会选择更大的金额，尽管他们必须等一星期。但如果问题换成：您是愿意现在得到 45 欧，还是更愿意一星期后得到 50 欧？那么一般情况下，人们往往会选择金额较小但唾手可得的钱。这是由于两项选择之间的金额差异太小，以致等待时间这一个因素没有发挥很大的作用。研究人员通过不断地调整即时能够得到的金钱数额，而将一周后所能得到的钱数固定为 50 欧不变，来比较和确定，从多少金额开始人们不再选择金额更大但需要等待才能得到的钱，而更愿意接受较少但即时能够得到的钱。结果也许被试者在能够得到 20 欧时就会说，贪大利不如小实惠。当金额小于 20 欧时，被试者愿意付出时间等待以获得更大金额的钱；当金额等于 20 欧或是超过 20 欧时，被试者会选择即时可以获得的钱。即使研究人员深信，被试者在实验中的表现由此可以预测，但有时也会有个别人选择继续等待以获得更多的钱，这表明一周时间的延迟长度可能也是一个影响实验结果的不确定因素。即时可得到的 20 欧等同于未来才能得到的 50 欧，50 欧的价值因为漫长的等待而降至 20 欧，这就是时间的延迟折扣效应（英语翻译为 temporal discounting）。

由于存在这样一种紧密的联系，所以时间和金钱是两个可相互转换的量。如果延长得到 50 欧所需的等待时间，将一周延长至两周，那么被试者会更不乐意等待。换句话说，被试者会宁愿选择少于 20 欧的金额，这说明 50 欧贬值得更为厉害。甚至有人或许会将就着接受 15 欧的金额。而如果缩短等待时间，那么被试者对于等待行为的可接受度便会提高。如果只需等待两天便能够得到 50 欧，那么或许只有将原先 20 欧的即时金额提高至 35 欧，才会有被试者选择直接领取即时金额。

如今，类似的实验越来越多，而其中为获得更多金额所设置的等待时间也是各不相同，有的实验只需被试者等上 1 天，而有的却需要被试者等上 30 天。针对不同的等待时间，研究人员分别确定了即时可获得的金额为多少时，被试者会选择即时可获得的金额。而以这个即时金额为基准，研究人员便可计算出不同等待时间下未来奖赏的折扣值。如果将等待时间和与之相等值金额的关系绘制成图，那么人们就能通过量化的形式看到时间这一变量在其中发挥的作用（参见图 1）。所需等待的时间越久，与未来奖赏相等值的即时金额就越少，也就是随着等待时间的增加，未来奖赏贬值得就越厉害。经过一系列的研究，在等待时间的增加量和等值金额的贬值度之间，研究人员得出了一个典型的双曲线方程式。[5]

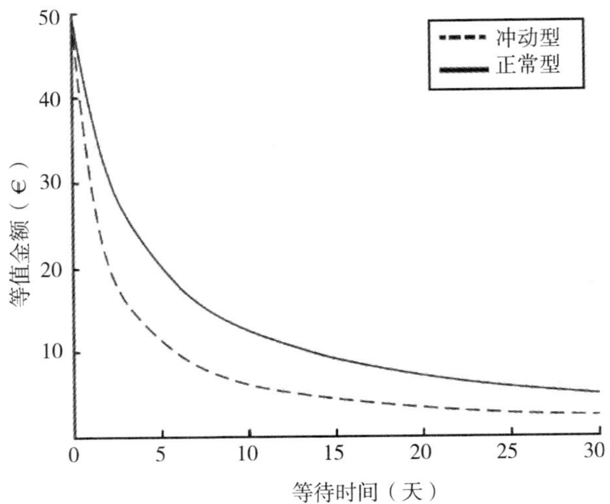

图 1：图中的曲线表明，延迟得到金钱的时间（等待时间）会造成金钱的价值（等值金额）减少。随着等待时间的增加，人们主观上觉得钱的价值减少了。对冲动的人来说，无论等待时间是长还是短，他们都觉得钱的价值会减少。

正如图中显示的那样，随着等待时间的增加，与未来奖赏等额的即时金额不断减少。而减少的趋势并不是均匀的，而是以双曲线形式，也就是说，对于同等间隔的两天时间来说，比如说第 4 天和第 6 天，所对应的等值金额的差量就明显大于第 18 天和第 20 天的差量。这就是时间的限制效应：两个不同的时间段，离我们较近时间段的差量会偏大，离我们较远时间段的差量则会偏小。时间的限制效应也表现在，我们对今天和明天的差异感知力会强于对明天和后天的差异感知力。

这项为研究理性投资与金融收益及亏损关系进行的实验，同样也被应用于心理学领域。与测验孩子们的棉花糖实验一样，这项研究精确地反映了成年人的行为差异。无论要求等多久，冲动的人为了避免等待，总会愿意接受即时可获得的少量金额。50 欧，由于需要等待才能获得，因此在那些冲动的人身上贬值得更厉害。对此可能的一种解释是：或许冲动的人在主观感受上会觉得需要等待的时间比实际更久，所以他们宁愿选择即时可获得的少量金额。这种行为可以很好地定义“冲动型”这一概念，即忽视长远利益而只看到眼前利益。“冲动型”这一概念可以用来解释具有注意力缺陷和多动症的孩子及成人的行为。这些人和其他冲动型群体会使未来高额奖赏大打折扣，他们为了避免不必要的等待时间，会满足于眼前小利（参见图 1）。因此，冲动型的人相对来说目光短浅，他们具有更强的现实导向性。

自然的时间界限

所有人在一定程度上都会具有一些现实导向性和时间视野上的局限性。未来的事情与近在眼前的事情所具有的价值并不相同。如果让你选择，你会参加一个月后将举办的派对还是委婉地拒绝。如果派对结束后的第二天有一场考试的话，许多人会出于自制力而选择拒绝。但是如果时间已经过了一个月，派对即将在今晚举行，那么这种情况下，人们往往会选择参加派对，因为派对对他们来说极具诱惑力。所以，只要所预测的事件发生在当下时间域中，这类事件的价值就会有所改变，而当下时间域的长度范围则会因个人需求而异。[6]要是人们已是饥渴难耐，那么当下时间域就仅限于几分钟或几小时之间，而它的持续范围也会因在今天或是在明天而不同。

当下的时间段，往往由于生物钟固有的节律难以被感知，两个睡眠时间段可以作为天然的时间界限，位于中间的便是今天。所以，所有今天可能发生的事件都会比明天几小时内发生的事件更具现实感。在生理学上，明天也是全新的一天。人体内部器官的生物钟会调整睡眠节律，但其他的体内组织也会在白天发挥作用（参见

第四章）。我们在新一天的生理状态也是全新的，因为此时我们处在白昼波动期的后一阶段。

既然有“日节律”，那么同样也存在“年节律”这一说法，它影响着自然和人类。[7]这一节律由每年的光照强度和气温变化决定，影响人们的情绪和行为。在许多发达的工业国家，室外寒冷的天气会使受孕率和出生率出现季节性波动，因此，人们使用电灯或暖气抵抗严寒。所谓的季节性情绪紊乱症或是冬季抑郁症往往发生在白昼逐渐变短的秋冬之际。周期循环性的季节交替会对自然界产生一定影响（例如植物的生长和果实的成熟），同时也会使动物产生一系列适应性行为（例如冬眠），进而会影响人类的捕猎行为以及农业劳作。但是人们仅在一年时间内，就已制订了许多社会、政治和经济方面的计划，比如考虑了联邦政府的任职期、年度税务以及年度国家预算的状况。昼夜交替现象以及一年中季节性变化的天文现象，影响着地球上的生物进化过程，同时也影响着人类的人生体验和举止行为，包括对未来时间的感知力。[8]农民播种下的种子，一年内便能够收获。在未来某一天或是某一年将会发生事件在人们眼中的价值，和近期内将会发生事件的价值大不相同。时间上距离更近的酬劳（在一段时间以内）往往比时间上距离相对较远的酬劳

（在一段时间以外）更易受到人们的青睐。人们对今天（或是今年）和明天（或是明年）这两者之间的时间差异感，在主观上会强于对明天（或是明年）和后天（或是后年）这两者之间的时间差异感。尽管这两者之间都只相差一天（或是一年），然而主观上相对于明天（或是明年）的奖赏来说，我们更易偏向于今天（或是今年）的奖赏；相对于后天（或是后年）的奖赏来说，更易偏向于明天（或是明年）的奖赏。因此，受到生理和文化因素影响，人们在判断眼前某个时间段时，会考虑它是否在自己可接受的日限或是年限范围内。

被感知的时间

未来某段时间内的事件，如果目前还比较抽象，而且仅限于某种假设时，我们就很少会以情感视角去评价它们，而那些离目前时间距离较近的事件，也就是此时此刻发生在我们身上的事件，很大程度上会受到具体情感机制的评估。[9] 这些即时体验的事件，在很大程度上会引发生理及情感上的反应，继而影响个体所做的决定。与我们主题相关的一点，就是观察人们在面临选择时，能否长期地以情感视角去评估。纯粹理性，完全不受情感因素影响的事实评估机制，只有靠程序化运行的计算机能够做到。面对那些无法改变的事件，人们希望通过明天的考试以及最终取得好结果，会比仅仅希望去参加派对的愿望带来更强的情感体验（或是考试失败的恐惧）。

这并不意味着以现实为导向不好。美国心理学家菲利普·津巴多从时间洞察力这个理论框架出发，继续发展以现实为导向这个概念，继而发现了人们的过去时间洞察力、现在时间洞察力以及未来时间洞察力是各不相同的。通过津巴多和一位同事所修正的问卷，我们对这三种时间洞察力可以有一个大致的印象：通过这项研究我们可以证实，人们的时间导向观会影响人们的日常行为。[10] 结果显而易见，以现实为导向的人在日常行为表现上会有显著差异，他们的生活更为糟糕。他们不仅吸毒，还经常收到超速驾驶的罚单，经常发生没有任何安全措施的性行为。他们的生活态度看起来非常像 20 世纪 60 年代那些摇滚明星所喊出的口号：抓紧时光，纵情欢乐，至死不衰。在那个年代，这句格言中体现出来的生活态度，可以理解为是对当时正盛行的未来时间价值导向以及及时享乐人生观的一种反映。虽然不能完全相提并论，但这种人生表现与以现实为导向和冲动性这两个概念紧密相关，在英语中表示为Sensation Seeking，即追求变化和不同的经历。然而，以现实为导向也是一种力争高品质生活质量的时间视角。但若这一视角太过狭隘，现在时间洞察力便会暴露出它的弊端。人们无法做到行动自如，因为人们没有能力摆脱现实的枷锁，无法为自己谋划未来。

新的研究显示，一些具有冲动型精神病的患者对持续时间段显示出了不稳定的感知力，这或许是造成时间局限性的一个原因，他们以现实为导向的倾向会更加明显。比如，患有注意力缺陷或多动症的孩子在短短几秒内的表现不尽如人意，和其他孩子相比，他们对这段时间的估计更加不准确，且估计结果更多样化。[11] 因此，伦敦大学国王学院的神经心理学家Katya Rubia认为，一般来说，冲动是感知力和运动机能在时间加工方式上的一种阻碍。和普通人相比，冲动型的人会感觉几秒或是几分钟范围内的时间更漫长。[12] 这些结论完全适用于相对成年人来说更冲动的孩子，他们在日常生活中总是会抱怨过长的等待时间。[13] 小孩子经常提的问题——“还要等多久”就能反映，他们尚未学会如何准确地感知一段时间，此外他们也尚未正确理解时间这一概念。

根据瑞士心理学家让·皮亚杰的图式理论，人们长期以来都认为，孩子们的逻辑思维能力只有到七八岁才能形成，才能对时间做出正确的判断。最新的研究表明，即使外界环境或条件对孩子的影响很大，他们最终也一定能够形成正确的时间决断力。比如，同样长的一段时间，孩子们就会觉得搬重物所花的时间比搬积木块所花的时间长。和成年人相比，孩子们的判断更易受到外界干扰。而影响孩子时间决断力最大的一个因素，则是他们的注意力尚未完全形成。[14] 孩子们并不能持续地专注于某一项任务。直到 8 岁以后，孩子们才能形成时间判断力以及更集中的注意力。

与孩子们常常会问“还要多久时间”这一问题相类似，年轻人经常会有的一种感觉就是：时间过得太慢了。在棉花糖实验中，根据研究人员的观点，等待时间必定会产生高额成本，从而导致未来奖赏贬值。[15]

当然，冲动与自制是人类起源之初便有的本性。犹太基督教徒认为，他们之所以有原罪，是因为亚当和夏娃经受不住蛇的诱惑，吃了能使人明白是非善恶的禁果。根据《圣经》的内容，这一长期的惩罚会影响到人类的后代。由于延迟满足能力在生活中的重要性，我们依旧会听取父母和老师的谆谆教诲。而现在人们对科学家持有的论断“人们只有不断地延迟个人的需求，才能成就完美人生”提出了质疑。在这一问题上，另一项研究表明，做出自我控制这一行为决定所产生的遗憾，会比决定专心致志地从事一项研究所带来的遗憾更强烈，并会持续得更久。[16] 一个学生若错过了派对（如果其他所有的同学都参加了，并且往后几天一直在谈论派对的场景），或是无法赴约了，那么对此的遗憾或许会持续好几年。虽然在通常情况下，经过一夜的狂欢，心中的喜悦并不会持续很久。做出决定之后的个体主观心理，不仅会影响未来成就，也会影响人们过度强调的未来时间洞察力以及生活质量。所以要想拥有心满意足的生活，自身一定要具备一种享乐能力，比如，愿意和朋友们一起度过晚上的时光。

图 2：即使是专业的占卜师，也试图通过看手相和解读塔罗牌的方式，在过去、现在和未来时间视域中寻找答案。

那些按照日程表生活、工作，且深受未来时间洞察力影响的人，即使是现在，也总会为未来的某一目标努力，因此失去了享受当下的机会。人生中能够被回忆起的阶段，往往就是一段充满美好回忆和真挚情感的时光，也就是那些和好朋友以及伴侣一起度过的时光。至于是选择短暂地享受当下生活，还是孜孜不倦地追求长远的利益，需要智商以及决断力共同做出权衡。**自由、朝气蓬勃的人，不是那些一直选择延迟满足的人，而是那些能够理性地决定是及时享乐还是延迟满足的人。**

时间文化

无论是放眼于未来还是生活在当下，这两者之间的平衡，并不能单纯地等同于理智和情感、约束和冲动，新教严苛的道义和地中海沿岸国家所追求的享乐态度，或是进一步发挥想象，诸如哲学领域的康德和尼采，或是卡通故事中的天使和魔鬼，它（他）们不是纯粹的对立双方。研究人类时间导向的心理学家菲利普・津巴多，在一次会议上谈到，自己的家庭是纽约的西西里移民，因此他小时候努力读书，勤奋学习，当他不和大家聚在一起玩乐的时候，他的家人都很不理解。津巴多认为，由于时间文化的差异，家庭中常有互不理解的情况发生。[17] 他自己是明显的未来导向型，而他的家人则是现实导向型。津巴多也把他在知识领域的发现上升到政治层面。正如目前欧洲北部和南部之间的紧张局势，也可以归因于各自的时间文化有差异。特别是意大利南北方之间的矛盾，是不同时间视角引起的，因为意大利大部分的财富是由倾向于未来导向的北方人创造的。[18] 在一个社会中，不同的环境在不同程度上促进了未来视角的形成。教育水平低的人往往更多的是现实导向型，少数会属于未来导向型。**为实现被社会认可的目标而能忍受延迟获得奖金的能力，是一个人进入社会中产阶级的前提**。在一个不给予工作和生活积极分子奖励的社会中，人们无法拥有未来视角。追求美好明天的往往是那些推动移民国家经济发展的移民群体，那是因为他们属于未来导向型。而对于一些现实导向型国家的宅人来说，他们有其他更为重要的事情要做。如果将来的机会很渺茫，那么自己对人生的感受就会不同，他们更易形成以家庭和睦、团结统一为导向的价值观。

在科学史上，及时享乐和未来导向这种二分法历来就是一种传统。根据弗洛伊德精神分析上的理论，超我（良知）和本我

（本能欲望）会对自我产生压力。自我在做出决定时，必须整合超我和本我这两项机制。在这一理论框架中，本我不考虑时间，追求直接的享乐，但会受到超我和其道德原则的管制。同样被束缚的还有柏拉图所认为的意志，还有一种如同寓言故事中两匹狂热之马般的欲望，也必须受到骑者，也就是理智的控制。这些想法在行为科学中，已经演变成了冲动的狂热系统和自我约束的冷静系统这两个概念，这两个系统是个体内部的管理者彼此斗争，欲成为主导系统，以此来控制个体是决定选择即时享乐，还是延迟满足。[19]

但真的是这样吗？我们常常觉得，赞同或是反对享乐的争论仍然存在，而且从直观上看有一定的道理。当然也有大脑研究人员，将大脑不同的脑区分成了自我约束和直接享乐这两大机制。[20]当人脑接受核磁共振实验时（一项间接测量脑部活动的实验），脑神经学家会要求实验中的被试者在即刻便可得到的奖励和延迟才能得到的奖励之间做选择。通过实验，研究人员认为：如果被试者选择的是即刻便能得到的小奖励，大脑中边缘系统的活动更显著。这部分区域与情感抉择行为息息相关。若被试者选择延迟获得奖励，那么脑皮层前部区域的活动则非常显著，这部分区域和个体的执行能力相关。对于德国人来说，执行能力就是做计划、做决定和控制冲动行为的能力。

棉花糖实验的各种后续研究不断进行着。第一次棉花糖实验的 40 年后，其中的 59 名被试者在他们 45 岁时接受了第三次测验。[21] 当实验人沃尔特·米歇尔和他的同事 2011 年发表后续研究结果时，沃尔特·米歇尔自己也已经 81 岁了。在实验中，为了减少不必要的反应行为，被试者需要尽可能快地识别电脑显示屏上出现的面孔，看到相应的面孔就按键，其他面孔则不需要按键。结果表明，人们对笑脸的反应速度往往快于对那些无表情面孔的反应速度。但如果给被试者的指令换成看到没有表情的面孔时要按键，看到笑脸则不需要，这时被试者必须克制自己看到笑脸时想做出行为反应的倾向。在实验过程中，不同的面孔一个接一个地快速地一闪而过，而被试者又必须很快地做出反应，从这两点要求来看，要做到克制自己的反应倾向还是很难的。实验表明，那些在儿童时期无法克制对眼前棉花糖渴望的被试者，常常会控制不住自己在出现笑脸时就按键。那些在儿童时期不愿意将奖赏推迟的被试者，根据核磁共振检测结果，他们在完成实验任务的过程中，负责克制冲动性的脑区，即前额皮质区，被激活的区域范围比较小。

尽管实验得出了这些结论，有部分学者依旧对过度强调自我控制和冲动性这两个机制提出了一些合理的批判。根据美国神经病学家安东尼奥·达马西奥的理论，正常人做出的所有决定都会有情感上的因素。[22] 面对即时可获得的奖励，人们在做决定时往往会衡量这一（情感所能感知的）奖励在未来的价值。有些人认为人们应该多参加体育运动，养成良好的健康习惯，反对坐在沙发上看电视，究其原因，他们这一价值判断有个人情感因素的参与。有的人出于提高自己社会地位、增加收入的动机，为将来事业的成功付出了巨大的努力，这也是他们出于情感原因，逆及时享乐这一潮流所做出的选择。这说明，**情感评估的强度对是选择延迟满足还是及时享乐起了决定性的作用**。因此，根据达马西奥的观点，选择与理智和情感无关，起关键作用的是情感评估系统。

预计等待的时间会减少奖励的主观判断价值，因为正如我们看到的那样，金钱的价值，会随着等待持续时间的增加而减少。当下的经历，就像一片透镜一样，对于那些现在就出现的，都能清晰地反映出来；而那些将来才能看见的，就很模糊。这就是所谓的时间局限性，与时间感知力一样，它是一种决定行为选择价值的感觉。比如，即使人们知道数周之后才有考试，但人们还是会害怕考试，而且这种恐惧情绪与当下的某种诱惑相比，可能会更强烈。和望远镜效应相类似，未来某事发生之前的一段时间感觉近在咫尺，与那些沉着冷静的人相比，普通人对此的感觉会更短，于是紧迫感就产生了。所以，情感和时间体验感的变化具有一致性，它们紧密地交织在一起。

政治的局限性

在当今的政治争论中，政治家的短视行为是一个不可回避的话题。许多国家目前债台高筑，那是因为国家要满足人民对安全和财富的需求，为了应付这些开支，国家不得不贷款。但是这些债务将来必须偿还，短视行为的后果必须由后代来承担。同样，对待自然资源和环境也是一样。一直以来对此的争论都一样：这需要在当下的物质安全（一个国家的经济保障和所需工作岗位）和保护逐渐被破坏的地球生态平衡之间做出权衡。正如许多人预测的那样，未来可能存在的不良后果，也许在 2050 年或是 2100 年发生。而与自然和谐相处可能产生的积极影响，我们这一代注定是无法感受到了。

一个孩子，当他得到第二份棉花糖的时候，他一定知道了通过等待才能获得第二份棉花糖。一个少年，只有当他获得了好成绩，他才能明白只有好好学习，考试才能有好成绩。目前我们在缩减债务问题和应对气候问题上所采取的措施，其可能带来的长期影响尚不明确。在学习上，及时对成功行为进行总结反馈很重要，因为通过激活奖励机制，一件事情的重要性和价值才能得到体现。我们需要付出巨大的努力，并拥有良好的想象力，才能根据当下具体的情感需求，得出一个与众不同的关乎未来的预测。

注 释

1. Dufour V, Wascher CAF, Braun A, Miller R, Bugnyar T. 乌鸦可以决定是否值得为未来的交流而等待 . 生物学报 , 2011, DOI: 10.1098/rsbl.2011.0726.

2. Mischel W, Shoda Y, Peake PK. 通过学龄前儿童延迟满足能力预测其在青春期的能力 . 个性与社会心理学杂志 , 1988, 54: 687 – 696；Shoda Y, Mischel W, Peake PK. 通过学龄前儿童延迟满足

能力预测其在青春期的认知和自我监控能力：确定的诊断情况 . 发展心理学 , 1990, 26: 978 – 986.

3. 马克・维特曼 , Eisenkolb A, Perleth Ch. 新型智力测试：一项全面的测试与练习计划 . 奥格斯堡：奥古斯塔出版社 , 1997.

4. 丹尼尔・戈尔曼 . EQ・情商 . 慕尼黑：德国简装书出版社 , 1997.

5. Madden GJ, Begotka AM, Raiff BR, Kastern LL . 真实与假设奖赏的延迟折扣 . 实验与临床精神药理学 , 2003, 11: 139 – 145；马克・维特曼，Lovero KL, Lane SD, Paulus MP . 现在或是以后？纹状体和脑岛在选择即时或是延迟奖励时被激活 . 神经科学、心理学和经济学杂志 , 2010 , 3: 15 – 26.

6. 马克・维特曼，Paulus MP. 决策中的时间视野 . 神经科学、心理学和经济学杂志 , 2009, 2: 1 – 11.

7. 蒂尔・伦内伯格，Aschoff J . 人类繁殖的年节律：II. 环境因素的相关性 . 生物节律杂志 , 1990, 5: 217 – 239；安娜・威尔茨贾斯蒂斯 , Kräuchi K, Graw P. 季节性情感障碍的潜在年周节律 . 国际时间生物学 , 2001, 18: 309 – 313.

8. 宇宙周期性的运行产生了世间万物——太阳 24 小时的运转，一个月中不同的月相，一年中不同的季节——许多史前文化从宗教和精神视角出发认为，生与死密切相关，死后是新的重生。基督教的教度年会就是一项周期性的怀念耶稣出生与死亡的典礼。对于所有的文化，包括从精神层面上来讲，宗教统一的这一年注定是一个伟大的时间点。米尔恰・伊利亚德 . 神圣与世俗：宗教的本质 . 莱比锡 : 岛屿出版社 , 1989.

9. 雅科夫・特罗普，尼拉・利伯曼 . 心理距离的建构层次理论 . 心理学评论 , 2010, 117: 440 – 463.

10. 菲利普・津巴多，约翰・博伊德 . 时间角度：有效、可靠的个体差异指标 . 个性与社会心理学杂志 , 1999, 77: 1271 – 1288.

11. Rubia K, Halari R, Christakou A, Taylor E . 冲动能够干扰时间：在治疗过程和哌醋甲酯使用规范化下的注意力缺陷和多动症障碍的神经异常现象 . 皇家学会哲学会刊 , 2009 , B 364: 1919 – 1931.

12. Berlin HA, Rolls ET, Kischka U . 冲动、时间知觉与前额皮层病变患者情绪及强化敏感性 . 脑 , 2004, 127: 1108 – 1126；马克・维特曼，Leland D, Churan J, Paulus MP . 兴奋剂依赖者受损的时间知觉

和运动时间感 . 药物和酒精依赖 , 2007, 90: 183 – 192.

13. 大脑皮层的前额叶在个体控制冲动性的过程中发挥着重要的作用。实验中的图像显示，当人们控制冲动行为时，该区域被激活。儿童和少年表现出的更强烈的冲动性是由于其前额叶相比较而言发展较为缓慢，直到成年初期，该区域的发展才会结束。

14. 德鲁瓦・沃莱 . 儿童与时间 // Vatakis A et al. 从多学科角度看时间与时间知觉 . 计算机科学讲义 . 柏林：施普林格出版社，2011，6789: 151–172；Kasten H. 儿童和少年期的时间感知觉概括（2001）. 时间是如何流逝的 . 日常生活中的时间意识 . 达姆施塔特 : Primus 出版社 .

15. 马克・维特曼，Paulus MP. 决策、冲动和时间知觉 . 认知科学的发展趋势 , 2007, 12: 7 – 12.

16. 瑞恩・科维茨，阿纳・凯南 . 忏悔远视：自我控制遗憾的分析 . 消费者研究杂志 , 2006, 33: 273 – 282.

17. 2002 年，菲利普・津巴多在柏林举行的第 43 届德国社会心理学会议的报告中讲述了自己的逸事。

18. 菲利普・津巴多，约翰・博伊德 . 新时期的心理学：它是如

何改变您的生活的 . Spektrum Akademischer 出版社，2009.

19. Metcalfe J，沃尔特 · 米歇尔 . 延迟满足的冷 / 热系统分析：意志力的动力 . 心理学评论 , 1999, 106: 3 – 19.

20. McClure S, Laibson D, Loewenstein G, Cohen J . 独立的神经系统评估即时和延迟满足的价值 . 科学 , 2004, 306: 503 – 507.

21. Casey BJ, Somerville LH, Gotlib IH, Ayduk O, Franklin NT, Askren MK, Jonides J, Berman MG, Wilson NL, Teslovich T, Glover G, Zayas V，沃尔特 · 米歇尔，正田裕一 . 40 年后延迟满足与行为和神经的相关性 . 美国国家科学院院刊 , 2011, 108: 14998 – 15003.

22. 安东尼奥 ·R. 达马西奥 . 笛卡儿的错误：情绪、推理和人脑 . 柏林：List 出版社，1997.

第二章

探索大脑内置计时器

是否每个人都以不同的速度标准来区分快慢？如果某个人的大脑内置计时器比较慢，那么他主观上就会认为世界运行得太快。事实上，确实有一些脑部受损的病人会体验到这样一种快动作现象。而一种急速的大脑节奏可能在受到瞬间惊吓时，产生慢动作效果。许多年来，很多研究都试着找到充满神秘色彩的大脑节奏的线索。

史登·拿多尼的小说《发现缓慢》讲述了主人公约翰·富兰克林的故事。约翰·富兰克林是 19 世纪初英国的航海家以及极地探险队的队长。在这部充满虚构色彩的传记体小说中，约翰·富兰克林是一个理解事物以及行为举止非常迟缓的人。小时候，他不能参加各类球赛，因为那些运动的速度对他来说都太快了。上学以后，表达自己的观点、想法，对他来说非常吃力，以至于他的同学和老师常常会失去耐心。连他的父亲也因为他的缓慢骂他是个蠢货。

尽管如此，凭借着自己的坚持不懈，约翰·富兰克林获得了成功，年纪轻轻就当上了水手。在一次航行中，约翰·富兰克林注意到了灯塔周围的光束。和其他水手仅仅把这些光束看作移动的照明范围不同，约翰·富兰克林把这些光束看作不断扩大的彗尾。他认为，他一定有比周围人更广阔的视野，能够抓住许多细小的瞬间。现在，由于了解了照相技术，我们可以用专业术语进行解释，约翰·富兰克林的“曝光时间”延长了。由于他的感知觉反应太慢，因此许多序列性发生的事件对他而言都是同时发生的。

富兰克林的老师 Orme 教授发明了一样能够测量感知速度的仪器：在一个固定着手摇柄、围绕横轴旋转的圆盘上，正面画着一个男人，反面画着一个女人。如果慢速旋转圆盘，我们便会发现，上面男人和女人的图案交替出现，但如果快速旋转圆盘，男女图案便会同时出现，使观察者无法将男女图案出现的时间顺序分辨出来。然后，手摇柄会越摇越快，一旦观察者报告，他能同时看到男女图案时，就记录下计时器上显示的手摇柄的速度。手摇柄转得越快，表明时间分辨能力或是感知能力就越高。事实证明，对于约翰·富兰克林来说，只有手摇柄转得非常慢时，男女图案才会同时出现。

尽管 Orme 教授通过这个方法证明了约翰的迟缓，但他相信约翰的智力应该是正常的。确实，最终约翰变成了一个著名的极地探险者，也曾当过一段时间的塔斯马尼亚州州长。在许多情况下，船长约翰就是靠着他缓慢但缜密周到的思维方式，保住了全体船员的生命。

当下的30毫秒

史登·拿多尼的传记体小说虽然只是虚构的，但是其中所体现的这么一种设想，即人们都拥有各自不同的时间分辨率，这一点可以作为研究的对象。在感知心理学中，人们已经得出了许多不同的描述性测量系统的变式。在两种刺激的感知时间顺序研究中，这两种刺激可能是不同的声调，可能是不同颜色的光束，研究人员会确定两种刺激之间的时间间隔值最短为多少时，被试者还能够报告出两种刺激所呈现的时间先后顺序。例如，连续呈现两组不同音高的声调，每个人都能清楚地听出先发声的是哪个音。然后，研究人员会将两个声调呈现的时间间隔逐渐缩短，直到被试者无法再准确地报告这两个声调呈现的顺序。这一实验过程将不断地重复，以减小误差，保证测量结果的可信度。因此，人们最终能够确定一个阈限值。在75%的实验中，被试者都能非常准确地报告出时间顺序。通过这种方法，每个人都能确定自己的时间分辨率以及时间顺序阈限值。时间分辨得越精确，刺激之间的时间间隔就越小，时间顺序阈限就越低。

时间感知阈限适用于不同的感官，并且在不同的刺激类型中会得出相似的结果。如上所述，比如在测试听觉能力时，呈现不同音高的声调，或是借助耳机分别在左右耳呈现按键的刺激声，被试者需要报告哪只耳朵先听到了声音。此外，为了研究视觉系统的时间分辨率，研究人员往往会在电脑显示器上快速连续地呈现两个不同颜色的光点。为了测量触觉能力，研究人员会先后触摸被试者的双手，被试者需要报告，哪只手先感受到了刺激。

通过比较不同感官时间顺序阈限，我们发现，作为研究者首选被试者的年轻人，通常是大学生，他们的时间顺序阈限范围大致都在几个 10 毫秒（ms）之间，更精确地说，是在 20 毫秒到 60 毫秒之间。[1] 而老年人的阈限值则更高些，这是由于认知能力随着年龄的增长在不断地退化。[2] 一方面，工作记忆被视为是一种认知能力，也就是在经过一段特定的时间后，能够正确地回忆起某些事件的能力。另一方面，认知能力还涉及注意力集中度，即一种快速精确地对事件做出反应的能力。但智力水平和时间顺序阈限的高低则没有紧密的关系，这一结论在对孩子以及成人的实验中都得到了证实。[3] 智力测试中得分更高的人的阈限值往往更低。

那么约翰·富兰克林的父亲因为儿子的迟钝而骂他是笨蛋对不对呢？当然不对。因为从广义上来说，他确实做错了。当然现在他父亲的这种行为是可以理解的。理解速度更快的人，一般都会被视为天才。这一点在当前流行的智力测试中就能有所体现，也就是必须在某一特定的时间内完成相应的任务，完成慢的人，分数越低，最终得出的智商值也就更低。

当然，智商值和反应速度之间可观察到的关系并不明显。智商（智力的衡量标准）对人们在时间顺序认知差异上的影响只有 10%。其他实验表明，90% 的差异是源于其他因素。确实存在许多这样的例子，许多高智商者反而有一个较差的时间分辨率。经过科学研究发现，这两者之间也许存在一种很有意思的关系，但通过阈限值测试的方法去衡量个体的智商却是不科学的。其实，我们并不必太过重视智力测试值，这只能说明一个人的部分学业和工作成就。即使是史登・拿多尼小说中的主人公约翰・富兰克林，最后也成为了受人尊敬的船长。解决生活中复杂和重要问题的能力，不只是通过一项测验决定的。许多其他的因素，比如说性格以及社交能力和情商，同样也发挥了重要的作用[4]（参见第一章）。当然，在有时间压力的情况下，拥有快速的反应能力必定是有益的。但是，当涉及一般性问题时，解决它们就需要花一定时间了。

其他一些有关时间顺序认知的实验则得出了另外一些重要的

结论。其中，大脑研究者及心理学家恩斯特·波佩尔提出了他的理论。不管是什么感知器官，一般的阈限值范围都稳定地保持在20~60毫秒之间，因此就有这么一种假设：存在一种大脑中心机制，借助各种感觉机能，如视觉、听觉、触觉所反应的时间顺序，来得出有关外界环境的信息。恩斯特·波佩尔认为，大脑中存在一种调控感知和行为的节奏器，[5]它通过神经振动激活大脑内的各个系统，以此来确定，哪个系统产生的感知信息与时间相关，而哪些无关。所有在大脑运行期间得到30毫秒加工时长的信息，都被视为是同时出现的信息。

30毫秒时长的节奏似乎不仅仅对于感知能力来说至关重要。这一数据除了是一个时间阈限的数值外，也是一个运动反应时的数值。有些实验要求被试者完成上百次反应时测验，比如要求他们听到声音，必须尽可能快地按下左键：看到光束时，按下右键。人们渐渐发现，不同任务所需的反应时并不均等。反应时的分布现象有许多峰值，它们之间的时间差距在30毫秒左右。[6]也就是说，人们的反应时不是毫无规律可循，而是遵循一定的时间单位，即30毫秒进行分布的。值得注意的是，大脑并不是一个按照30毫秒时间间隔运行的机器，而是一个生物系统。神经振动（大脑的神经生理振动）的持续阶段总体上显示了其变化范围在几十毫秒之间。在伴随有意识感知现象的大脑活动的研究中，Y 射线中的平均振动频率在 20~50Hz 之间。[7] 这一频率范围与在运动中所测量到的 20~40 毫秒时间间隔的结论一致。在感知力和反应时实验中，我们还有了一些神经生理领域的发现：即使我们持续不断地感知着周围的一切，但我们有意识的感知力却在悄无声息地缓慢减弱。[8] 借助脑电图或是脑磁图，我们能发现一系列与感知力和思维过程息息相关的波带。而 30 毫秒范围内的神经系统状态已被许多研究者视为大脑的基本节律。[9]

另外，Orme 教授还打算设计一个能够产生动态图片的设备，借助这一设备，快速地呈现一些绘制的图片，每张有些许不同。这一设备，相当于一部相册，能够快速地将照片翻页，使人们产生似动的错觉。这和放电影的原理相类似，都是以人们的时间感知特征为理论基础。最快能够让图片以连续形式呈现的速度大约为 20Hz（一张图片持续展示 50 毫秒，再展示另外一张）。在电影院里，画面呈现的速度是 24Hz，而传统电视屏幕中的每秒帧数则是 50Hz。这些节奏频率都是与人们的时间分辨率相符的。有些图片只有以一定的速度放映，才能给观众带来似动的效果。

内置的节拍器

对于那些致力于研究人们心理机制的脑部研究者来说，一个重要的研究起点，就是研究那些神经或是精神病患者的临床病例。如果大脑特定区域受损后，病人出现了某一特定心理机能消退的现象，那么研究人员就能得出结论：大脑某一特定区域就是负责这一项机能的部位。比如，如果大脑中位于大脑皮质内褶区的一个结构海马体受损了，那么病人的记忆内容便会受到损害。精确的数据记忆、逻辑记忆、人生经历以及短期记忆的储存都与海马体有关。此外，海马体还能将有意识的经历加工储存为我们的长期记忆。我们能想起昨天和一位女同事的谈话，那是因为海马体储存了谈话的内容和场景等信息。

在 20 世纪 50 年代接受手术治疗的一些羊痫风患者，由于他们位于大脑两侧内褶区产生病源的部位被切除了，海马体的一部分随之也被切除了，所以这些病人现如今都无法进行某些大脑加工程序。这一方法尽管有效地控制住了羊痫风的发作，但也给病人留下了严重的后遗症。若是两侧的海马体完全被切除，那么病人就会无法记住任何事情。[10] 虽然从表面看，这些病人似乎没有受到任何损伤，也能言善谈，但是后遗症很快就会凸显：一份5分钟之前才读过的报纸，对他们来说立刻变成了完全陌生的东西，病人根本不知道他们已经读过这份报纸了；已经见了几十次的医生和护士，每次走进病房，对于病人来说都是陌生人。只有手术之前的生活内容他们还能记得，新的记忆他们已不能再获得。他们生活在一个只有瞬间经历感的“现在之岛”上（参见第三章），只拥有短时记忆以及手术前的记忆。这些病例报告得到的结果令人震惊，也证实了海马体所起到的关键性作用：储存有意义的记忆。

而一些复杂的心理机能，往往涉及的就不止大脑中的一块区域了。记忆储存这一项复杂功能，涉及的是大脑相关部分的整个系统。那么大脑中可能存在的节拍器是如何运行的呢？是能确定一个在感知和运动机能中起主导作用的区域，还是能确定一个完整的神经系统的位置？那么是否存在一个由大脑某一特定结构区域决定，又负责时间顺序认知的内置时钟呢？对此答案并不明确。但是，研究成功地证实了精神病患者的时间分辨能力更差。前颞叶或是下顶叶区域受伤的中风患者，大多会有语言功能的损伤，也就是患有失语症。他们区别语音以及理解词或句子语义的这些功能已经受损。

现在研究人员也确定，这些病人的平均时间顺序阈值更高些，只有当两种听觉或视觉刺激的时间间隔很大时，他们才能报告出刺激呈现的时间顺序。[11] 中风后的病人大脑其他区域一般没有受到损害。这一情况得出了以下结论：大脑皮层的左侧区域基本负责时间顺序认知的加工。

时间顺序感知力与语言理解力紧密相联的这一结论，有可能打开患者的诊断和治疗之窗。为此，人们必须弄清楚时间顺序认知力和语言理解力之间到底存在何种关系。例如，音节中特定的一些辅音 /pa/、/ta/、/da/、/ka/、/ga/，通过改变它们发音的时间顺序，是能够被听者区别开来的。这些相继传入听者耳中的音节，在时间顺序阈值范围内，以大于 10 毫秒的时间间隔呈现。根据失语症患者在此项研究中的表现，我们可以得知，他们不仅时间顺序阈值较高，而且对音节呈现先后时间顺序的判断也存在问题。总之，他们无法很好地判断辅音之间的区别。[12] 研究人员还发现，具有语言发展障碍的孩子在时间顺序认知力和辅音辨别实验中也存在相类似的问题。进一步的研究表明，语言输出和对语言时间顺序的感知力之间也存在着紧密的联系。[13]

声音辨别和时间感知力关系的相关知识有利于促进不同治疗和

训练方式的发展。在许多研究中，失语症患者以及发展性语言异常的孩子得到了有关判断刺激呈现顺序的系统性训练，训练取得的第一项成果就是：病人的时间顺序阈值变低了，同时，辨别辅音的能力增强了。[14] 在美国和德国，第一项训练的成果推动了诊断仪器市场的发展，促进了对个人时间顺序阈值方面的训练。然而这一治疗方法目前仍没有应用到临床研究中。

正如以上所说的那样，脑损伤的失语症患者为了辨别两个刺激呈现时间的先后顺序，平均所需的这两个刺激之间的时间间隔会更长。这或许能够证明，个体内置计时器确实存在，而患者的内置计时器则相对更慢些。当然，患者自己绝不会像约翰·富兰克林那样，认为他们周遭的一切都运行得太快。这其中可能有两个原因：一方面，语音的时间顺序辨别能力受到损伤，大脑的内置计时器也许会变慢。一般而言，所需辨别时间的范围应小于 0.01 秒。然而，为了以一种更合适的节奏体验世界的变化，有时，个体的内置计时器可以变快。另一方面，这或许意味着，尽管患者在听觉刺激感知和与之相关的语言输出能力方面存在着问题，但这些问题不会影响到整个感知系统。还有一些有趣的问题，比如时间分辨率较弱的失语症患者，会不会在音乐能力上也受到影响呢？成为音乐家的必要条件，比如声调感知力，主要的负责脑区位于大脑右半球，而负责语言加工系统和时间顺序感知力的脑区则位于大脑左半球。但这并不意味着，在音乐方面感知时间顺序的能力也取决于左脑。另外，通过实验也能够证实，在视觉中也存在着一些细微的时间顺序感知障碍。至少已有证据表明，某些患者在视觉的时间顺序感知能力上也有损伤。

是否存在一个主管感知力和运动机能的大脑中央节奏器，目前尚无定论。如果存在这么一个中央节奏器，那么脑部受损也会对这一大脑内置节奏器造成影响，接着就会使所有感官——听觉、视觉和触觉受到损伤，导致行为变得迟缓。确实存在这样的一些个案，比如得了脑癌或是脑膜炎的患者会有这方面的障碍，但是这种情况是非常罕见的。正如人们看到电影中的快镜头那样，世界万物对这些患者来说运行得太快。所以他们不能开车，也不会独自看电视，因为这些事物对他们来说运行得太快。[15] 世界万物以快动作的方式转瞬即逝，而对这一现象的解释可能是由于患者自身存在着缓慢的节奏器。大脑某一特定区域受损之后，它的运行加工速度就会变慢，那么周围的事物相对来说就会运行得快些。同样，感知速度越慢，观察者就会觉得世界万物运转得越快。

至于这一大脑节奏器具体位于何处，目前也尚无定论。不过可以确定的是，一些患者只有在视觉上有这样一种快动作现象体验。当他们闭上眼睛，谈话或是听音乐时，他们所感受到的时间节奏则是正常的。但是也有一些患者报告说，无论是在视觉还是在听觉上，自己都有快动作现象的体验。这些案例（总体来说并不常出现）中的大多数情况都是患者的枕叶和顶叶右侧受到了损伤。[16]当然其他脑区一些部位受到损伤也会引起这一种快动作现象。有证据表明，在时间感知的体验中，也有神经网络的参与。这些神经病学上的案例可以作为证据，来证明中央节奏器或是专门负责某项感官的节奏器是存在的。

慢动作效应

其他引起感知能力变化的事件则是一些极端事件。许多人能够在极端情况下感知到危险，比如说几乎就要发生或是正在经历的各种不幸，或是受到暴力威胁的时候，人们的状态和上述所说的快动作体验时的状态完全相反：这是一种主观上觉得过于漫长的体验。比如，一辆载重车和一辆私家车相撞，从外在看来，这一过程就似乎是以慢动作的方式呈现的。事后，私家车的车主说明了当初自己为了争取足够的时间，以避免和载重车相撞，是如何镇定地采取紧急措施——控制离合器、开关和油门的。[17] 这就是感知节奏器加速的一个现象。由于大脑在危急时刻的运转速度会加快，因此我们就会觉得外在事物的运转速度变慢了。这一感知加速器的功能是显而易见的：如果感知器官能够更快地处理外界刺激，那么个体就可以更快地在危急时刻做出及时反应，[18] 就有更大的幸存机会。我们能够想象，通过提高对身体的刺激水平，大脑的运转速度会加快。在电影《黑客帝国》中，许多战斗场景就使用了慢动作。这一拍摄手法可以更好地突出电影主人公的形象。

因为从伦理道德上来讲，在实验中真实再现一种危险场景是不道德的，所以研究人员也不清楚，被试者在真实情境下是否真的会有这么一种慢动作体验，还是他们只是在事后根据所体验到的，主观认为，事物都是以慢动作的形式来运转的。为研究这一问题，戴维·伊格曼带领的得克萨斯研究团队为被试者设计了一个特殊的实验。[19] 被试者必须在一个小仪器上接受一项测试个人时间分辨率的实验。这里我们发现，在这个实验中所用到的测量仪器与史登·拿多尼小说中 Orme 教授所用的很相似。在这项实验中，所有的 LED

灯会同时开关，这样被试者就能看到一个闪烁的数字。通过有节奏地控制 LED 灯的一开一关，灯光为被试者读取数字提供了前景和背景衬托。也就是说，前景和背景不同的光照效果交替变幻着，如果变幻速度较慢，被试者能够毫无障碍地区分数字和背景之间的转换。然后实验者会逐渐加快交替闪烁的频率，一旦频率增加了，前景和背景之间的交替呈现速度也会变快，直到几乎同时呈现，这时被试者会觉得看到的景象没有任何差别。通过这种方法可以确定每一个人的阈限值。[20]

接下来的测试在一个公园里进行。那里有一座 31 米高的塔，研究人员要求被试者从塔上自由落体跳下来，落到下面的网上。研究人员的假设是：在充满恐惧感的自由落体实验过程中，被试者的感知速度会变快，即对交替闪烁物体的感知阈限会降低。在自由落体实验前，被试者已看不清某一交替闪烁频率背景下的数字，但在跳落的过程中，随着大脑节奏频率的提高，被试者有可能看清楚这个数字。研究人员将一个类似于手表的设备戴在了被试者的手腕上，要求被试者在跳落过程中读取表上的数字。但实验结果不容乐观，被试者仍然无法认出数字。有些被试者即使观察了其他被试者跳落的过程，但真正轮到自己时，主观上还是会觉得这一过程很漫长。据此，研究人员认为，大脑在危险时刻的运转速度并不会变快，只是个体在回想某一事件时主观臆测这一过程很漫长。

而对于目前已取得的研究成果，学界仍有许多争议。被试者何时能够脱离可控制的实验室环境来到真正的外部世界进行实验，一直以来都是一个问题。许多因素会影响实验结果。比如，被试者在跳落的过程中也许完全不能看到LED灯光，至少被试者在跳落之前和跳落过程中看到的LED灯光的效果是不同的。然而得克萨斯研究组对这一结果却十分满意，因为这是第一项在真实环境下进行的研究慢动作现象的实验。为测验所设想的大脑节奏器是否真的会变快，以及时间分辨的感知力是否会提高，类似于此项实验的研究应该继续进行。

许多实验室研究只能证明，我们高估了危机以及强烈的情感刺激所持续的时间。举个例子，在实验室中进行以下实验，模拟屏幕上的圆盘向观察者移动时，被试者就会觉得这一移动过程很长，他们觉得就好像静止的物体或是圆盘在移动一样。[21] 在第一次实验中，外在的刺激会被观察者不由自主地看作一种潜在的威胁，从而引起他们更强烈的身体反应。与在危急时刻产生的慢动作效应相类似，这一实验给被试者带来了一种时间延长感。而通过呈现富有情感色彩的图片，能够使被试者产生一种时间持久感。在这项实验中，被试者必须估计一系列图片在展示时，停留了多长时间。和普通图片相比，被试者认为那些富有情感色彩、带有积极或消极内容并具有更强震撼力的图片，它们所停留的时间会更长。如果给被试者呈现色情或是灾难现场的图片，那么他们主观上会觉得这些图片停留的时间会比那些和谐场景的图片，如母牛吃草等场景，所停留的时间更长。[22]

如果说被试者的时间分辨能力的确能够在一个充满震撼力以及激活大脑机能的情境下得到提高的话，那么这将是时间慢动作效应存在的一个直接证据。这项研究的目的是，通过合适且有效的图片展示法，找到负责形成主观时间体验感的脑区。然而问题是，在实验室环境下，我们是否能够真实还原危险场景。因此，有关大脑内置计时器的研究也在继续进行着。

注　释

1. Hirsh IJ, Sherrick CE. 不同感官形式中的感知顺序 . 实验心理学杂志 , 1961, 61: 423 - 432；Kanabus M, Szelag E, Rojek E, 恩

斯特·波佩尔．听觉和视觉刺激的时间顺序判断．实验生物学报，2002, 62: 263 – 270.

2. Ulbrich P, Churan J, Fink M, 马克·维特曼．时间顺序的感知：年龄、性别和认知因素．衰老、神经心理学与认知，2009, 16: 183 – 202.

3. Szymaszek A, Sereda M, 恩斯特·波佩尔，Szelag E．时间顺序感知的个体差异：年龄和认知因素．认知神经心理学，2009, 26（2）：135 – 147; Barth K, von Steinb ü chel N, 马克·维特曼，Kappert H, Leyendecker C．时间的加工过程：音韵学的意识和读写能力．言语矫正论坛，2000, 5: 7 – 16.

4. Amelung M, Steinmayr R. 是否存在有效的智商测试用以解释表现标准的多元化．智力，2006, 34: 459 – 468; 马克·维特曼，Eisenkolb A, Perleth C．新型智力测试：一项全面的测试与练习计划．奥格斯堡：奥古斯塔出版社，1997.

5. 恩斯特·波佩尔．意识的限度：关于现实与处事经验．慕尼黑：德意志出版社，1988.

6. 恩斯特·波佩尔．中枢间歇现象的兴奋周期．心理研究，

1970, 34: 1 – 9；Dehaene S . 人类感知觉的实践振荡现象 . 心理科学 , 1993, 4: 264 – 270.

7. 恩斯特 · 波佩尔 . 时间感知的层次模型 . 认知科学的发展趋势 , 1997, 1: 56 – 61.

8. VanRullen R, Koch C. 感知觉是连续的还是不连续的 . 认知科学的发展趋势 , 2003, 7: 207 – 213.

9. Llin á s R, Ribary U, Contreras D, Pedroarena C. 意识的神经基础 . 皇家学会哲学会刊 , 1998, B 353: 1841 – 1849.

10. Scoville WB, Milner B . 双侧海马体受损后最新记忆的损失 . 神经病学、神经外科学与精神病学杂志 , 1957, 20: 11 – 21. 从奥利弗 · 萨克斯的著作《消失的水手》中，可以探索一位被囚禁的病人的短期记忆。书中所描述的病人患有韦尼克 – 科尔萨科夫综合征，该病是由于酒精中毒引起具有记忆储存功能的神经系统衰退造成的。主人公甚至会将他的妻子误认为是一顶帽子。奥利弗 · 萨克斯 . 消失的水手 . 汉堡：罗沃尔特袖珍书出版社 , 1987.

11. Swisher L, Hirsh I. 脑损伤和时间上相继的两个刺激 . 神经心理学 , 1972, 10: 137 – 152; 马克 · 维特曼，Burtscher A, Fries W, von

Steinbüchel N. 损伤严重性和位置对脑损伤患者时间顺序判断的影响 . 神经科学 , 2004, 15: 2401 – 2405.

12. von Steinb ü chel N, 马克・维特曼 . 将时间信息加工作为中枢神经损伤的诊断方法 . In: Kasten E, Kreutz M, Sabel B（编辑）. 研究和临床神经心理学 . 医学心理学年鉴 . 哥廷根：霍格雷夫，1997：146 – 162; Fink M, Churan J, 马克・维特曼 . 失语症患者的时间加工和对音素辨别的语境依赖性 . 大脑与语言 , 2006, 98: 1 – 11.

13. Berwanger D . 语言发展障碍和时间加工方式 . In: Suchodoletz W von（编辑）. 斯图加特 : 科尔哈默出版社 , 2001: 118 – 147.

14. 路德维希・马克西米利安大学医学心理学的 Nicole von Steinbüchel 教授 1985 年第一次在失语症患者身上证明了顺序阈限可被训练的可能性。该项研究所参考的论文是：von Steinb ü chel N, 恩斯特・波佩尔 . 康复理疗领域：一个理论视角 . 脑行为研究 , 1993, 56: 1 – 10。在失语症儿童身上开展的一次成功的顺序阈限训练项目最早发表在 1996 年的权威杂志《科学》上 : Merzenich M, Jenkins W, Johnston P, Schreiner C, Miller S, Tallal P. 通过训练改善语言学习障碍儿童的加工时间不足问题 . 科学 , 1996, 271: 77 – 81.

15. Binkofski F, Block RA . 左额叶损伤后的时间加速体验感 . 认知的神经基础 , 1996, 2: 485 - 493.

16. Pötzl O . 再论快动作体验感 . 维也纳杂志 : 神经病学和边缘科学版 , 1951, 4: 9 - 39.

17. 神经生理学家和诺贝尔奖获得者约翰・卡鲁・埃克尔斯在第 624 页及之后对这一体验做了生动形象的描述，参见：Popper K, 约翰・卡鲁・埃克尔斯 . 本我和大脑 . 慕尼黑：皮珀出版社 , 1951.

18. 马克・维特曼 . 主观时间感 . 时间百科全书 .Birks HJ（编辑）. 千橡市：塞奇出版社 , 2009: 1322 - 1324.

19. Stetson C, Fiesta MP, Eagleman DM. 在危险情况下时间真的会慢下来 . PLOS ONE , 2007, 2, e1295.

20. 对时间的分辨能力不仅仅取决于大脑的边缘系统，比如视网膜的感觉细胞，还取决于可调整的对于持续注意力的认知能力。汉斯・施特劳斯贝格和 Dorothe Poggel 在他们的代际研究计划中，用双脉冲视野测量法几乎测量了每一个在巴特特尔茨的成年人。他们证实了时间分辨能力不仅取决于眼睛里的感觉细胞，还取决于大脑的中心机制。同时也证明了年龄因素的作用：老年人的时间阈值会更高，他们的时间分辨能力也相对较差。Poggel DA, Treutwein B, Calmanti C, Strasburger H . 增加的时间：双脉冲分辨率受到关注焦点大小的影响 . 视觉研究 , 2006, 46: 2998 - 3008.

21. van Wassenhove V, 马克 · 维特曼，Craig AD, Paulus MP . 主观时间膨胀的心理和神经机制 . 神经科学前沿 , 2011, 5 (56) .

22. 西尔维 · 德鲁瓦 · 沃莱，Gil S . 时间—情感悖论 . 皇家学会哲学会刊 , 2009, B 364: 1943 - 1954.

第三章

被感知的当下：当下的3秒

感知当下意味着关注现在的每一时刻。通过简单的训练，对现在这个时刻的关注力就能得到提高，这会使个体对当下有一种更深刻的感觉体验。大脑基础的加工机制能够将感知因素和2~3秒持续时间的建构联系起来。聆听诸如贝多芬第五交响曲这般伟大的艺术作品就是这么一种体验。人们能够全身心得到放松。

世界在进步。现在我们来看看哈佛大学心理学家斯蒂芬·平克尔的观点：他通过数据分析发现，随着历史的发展，无论是战争的暴力行为还是个人行为，人类使用武力的现象会越来越少。[1]根据他的观点，人类文明不仅在科技方面有了进步，而且在人类相处方式上也有了进步，只不过这一方面的进步常常被我们低估。因为，一个人仍有死在他人手上的可能性，但从时代发展的角度来看，这种现象最终会越来越少。现在的人们会更关心身边人们（和动物）的遭遇。[2]

熟能生巧：注意力训练的原则

关于自我意识方面的研究带领人们找到了自然科学研究领域的大门，这一研究领域或许没有那么重要，也彻底失去了它曾经作为先锋领域的地位（第六章将会介绍一种大脑意识理论），但对于人类的发展仍有重大意义。那些如今在高校致力于研究人类意识的著名脑神经学家和心理学家开玩笑地说，要想将这个领域的问题研究透彻，他们至少在 20 年内不能谈恋爱。他们甚至认为进行有关意识问题的研究需要花上一辈子。确实，神秘莫测的意识是无法被探测的。如今与意识相关的研究越来越多，许多对该领域一知半解，自称是脑研究者的人也开始研究这一问题，并形成了自己的意识理论。

研究人类意识问题的自然科学家所提出的假设以及理论，或许乍一看上去并不那么起眼，但这一过程却是人们思考自然科学和医学的发展史。近代初期，人们认为动物是没有感情的物种，因此对没有麻醉的狗进行了活体解剖实验。如今人们普遍认为，意识是一种逐渐形成的现象，除了人以外，许多高级动物也拥有不同表现形式的意识，如忍耐力。直到 50 年之后的 20 世纪 60 年代，行为主义心理学成为了当时的主流理论，它所提出的刺激反应机制中并没有谈到意识所发挥的作用。

另一个正面的例子是：在一家以使用西药为主的癌症治疗所中，病人能够得到最好、最专业的治疗。目前为止，人类在医药领域取得了令人瞩目的成就，极大地提高了癌症病人的存活率。取得这些成果的很大一部分原因是发现及时以及治疗手段的专业化。然而，在 20 世纪 90 年代，肿瘤病房的一个癌症病人由于自己的恐惧感最终去世。对于那些经常遭受危机体验，即恐惧、失落、暴怒，怀有希望却又突然意识到随时面临死亡的病人，那时还没有专业化的护理。[3] 而现在的情况早已有所不同。以前每年或每 10 年才有一次治疗计划，现已缩短至每天或每周就会制订一次。此外，精神肿瘤疗法也被列入了日常的疗程中。[4] 所以，病人不仅仅在身体上得到了治疗，他内心的需求和愿望也得到了重视。

给患者提供心理上的治疗本应成为一项医学上的必要程序。当下人们的各种毛病，都是家庭医生每天诊断的毛病，诸如家庭事务或是工作上的超负荷导致人们身体垮掉并产生慢性病痛。但不管是身体上的病痛，还是其给生活带来的影响和改变，人们都应该理性地对待。剧烈的身体疼痛感常常会带来生气、失落、失望和迷茫感。许多患者来到一个诊所能够很好地适应新环境，并且得到来自家庭或是朋友们的情感支持，但这并非每个人都能做到。所以，各个诊所或是康复机构应该提供专业化的心理治疗方案。而前几年，医学院、护理学校以及各大学实验室的研究，已经发现了一种应对困境和超负荷情况的方法——专注力冥想法。[5]

专注力意味着关注当下，也就是将注意力集中于当下，仅仅用自己的思想和感觉去注意，但对此不给予任何评价。这种关注当下的形式，看起来似乎很简单，但是坚持下来不容易。如果现在我们关注此时此刻，那么我们会感受到我们的身体和周围发生的一切，我们所能听到、看到和触碰到的一切。这样，我们就能清楚地明白下一步应该做什么。然而，对过去的回忆以及对未来的想法会转移我们对当下的注意力。设想我此刻坐在房间的椅子上，我感受到我的身体，我专注于此时此刻，无视其他。这种状态对于不习惯于专注的人来说很难坚持，他们马上就会觉得无聊，躁动不安很快就控制了身体，并出现了一种想要活动放松的愿望。心有杂念，个体就必须有意识地将注意力集中起来，但专心致志是一件很累的事情。思维活跃的人们应该努力摆脱那些突然迸发但又很无聊的想法（冰箱里还有足够的牛奶吗），回归到自我。

马萨诸塞州大学的医学专家乔恩·卡巴·金教授的“正念减压”疗法正是从佛教的冥想中发展而来的。[6]通过专注力训练，病人们学着用一种自己可以接受的方式去看待自己的病情，并因此去减轻痛苦。大量研究分析表明，许多病人确实在接受注意力训练后学会了更好地应对疼痛。[7]

一方面，通过注意力训练，个体将注意力集中到当下的能力会增强，也会更有意识地去体验世界；另一方面，个体的接受能力也会增强。这也就意味着对过去发生事情的认可度会增强，对未来的忧虑感会减少。注意力集中能力的提高也增强了个体对思想和情感的控制。人们能够学着更冷静地去看待那些突然产生并充斥在脑中的想法和信念（对某些同学的不满）。通过这种方式，我们得以确定个体内部情感产生的来源，使人们（正如人们之后承认的那样）不会有太多的无效反应。对于骑自行车的人来说，优先行驶权掌握在开汽车的人手中，对待这一现象，骑车的人不必破口大骂。总有一天，自动控制装置系统也会被突破。个体可接受容忍度的提高，可以减少痛苦和压力，为自己带来宁静。曾经或是即将到来的事情，不是当下的事情。只有当下感知到的事情，才属于这一时刻。

可能许多人觉得以上这些解释过于玄妙，但其实有关这一主题的研究是理性并实用的。医学界最终的目标是能够成功治疗某些病症，为患者减轻痛苦（建立在实践和科学的基础上）。许多有关医学心理方面的研究证实，专注力冥想的方法使人更好地忍受痛苦、对抗压力、缓解随着年龄增长、思维逐渐退化的现象，以及减轻戒烟者的烟瘾。在以上所涉及的 4 个领域中，专注力冥想方法已被证明具有良好的功效。**人们通过专注力的训练能够提高自己的感知、思维和专注能力，面对恐惧和抑郁时的情感反应也会更平静**。此外，还有证据显示，大脑在这个过程中也发生了一定的变化。[8]

Hey Jude，3 秒的视野？

专注当下是什么？当我们谈论现在、谈论眼下时，我们在想什么？你正在经历的便是当下。当我们看到、听到或是感到某些事情时，我们便在经历着当下。当然，对现在来说是当下的事情，到了下个月就成为了过去。因此，时间的流逝感就产生了：我们预想一件事情，然后再经历它，不久它就变成了过去。这个过程中，我们便经历了一段时间。另外，我们一直活在当下，更确切地说是现在。那些曾期待在未来发生的事情，会在当下经历，然后就停留在了记忆中。尽管如此，我们的自身经历便与当下相关。

俗话说，我们每时每刻都有所经历，在时间之流中，我们从此刻进入到下一刻。或许应该说，我们有意识地度过现在某段时间，然后经历对于现在和过去来说不确定的未来，最终将它们保留在记忆中。因此，人们就会有未来计划、有期待、有记忆。此外，当下所经历的时间应具有特殊的地位。[9] 圣·奥古斯丁在公元 400 年就曾说过：从狭义上看存在三种时间，即昨天的今天、今天的今天和明天的今天。[10]

根据我们的经验可知，感知觉与时间的许多维度相关，包括对时间顺序、节奏和流逝速度的感知。那些能够在我们脑中持续一段时间的经历基本上都是由许多时间维度组成的，否则我们根本无法感知到。我们现在意识到的，是一个动态世界的写照。当下的经历会持续一段时间。[11] 一首符合音乐规则的曲子是由一系列音符组成的。而想要理解一句话，可能就需要将它视为由许多单词组成的单位。我们能感知到的部分，即某些音调和语音也必定在我们脑中持续了一段时间，不然我们就无法感知到。

一些当代的哲学家认为，当下的时间不仅仅会在时间属性上有所延续，也会在哲学家埃德蒙德·胡塞尔（1859—1938）提出的时间观念这一概念上有所延续。胡塞尔认为在过去或是未来的时间成分中也包含了对当下时间的感知。美国哲学家罗毅丹曾举过这么一个例子：每一个知道披头士乐队的人，当保罗·麦卡特尼唱*Hey Jude*这首歌时，他刚唱到“Hey”，那么后面接下去唱的一定是“Jude”。尽管还没有听到，但它已经在听众的脑中闪现了。而当唱到“Jude”时，“Hey”这个声音其实依旧存在于听众的脑中，尽管作为一种物理学上的空间气流现象早已不复存在。[12] 因为“Hey Jude”这一句歌词是作为一个整体被感知的。即使人们专注地听“Jude”这个词，它也难以与“Hey”相分离。当然事物整体性的强度并不都一样，比如“Hey Jude”这句歌词的连接关系就一定会比“Hey Jude，don't make it bad”强。此外，第一句歌词也绝不会和几分钟之后歌曲的最后一句歌词共现。因此，整体性也有一定的时间限度。

心理学家和脑神经学家恩斯特·波佩尔认为，在音乐和诗歌艺术领域的持续时间限度大约为 3 秒。念一首诗或一首歌中的一句歌词所需的时间不会更长。[13] 同样在更复杂的音乐题材中也能发现大量关于 3 秒阈限观点的论证。比如，想一想贝多芬著名的第五交响曲中的第一句（g-g-g-es），是整部作品中最自然的单位。现代的作曲家，比如喜欢延长音调的路易吉·诺诺，之所以创作出了特别的旋律，是因为这些声调超过了 3 秒钟的阈限值。[14] 根据恩斯特·波佩尔的观点，这个在艺术领域存在着的 3 秒节奏的例子，有助于构建人们对大脑机制、当下感知力和行为的认知。[15] 当然，这并不意味着诗人和作曲家就都知道如何在 3 秒钟内进行信息加工。准确地说，艺术家们是根据神经生理学上对美感的一些预设值，来安排某一持续时间段内所应具有的诗句数和歌词数。

对此也许有人会持反对意见，他们认为艺术领域的例子太特殊，普通人的经历往往不会有如此严苛的时间划分要求。确实许多行为和感知结构的实证结果只能通过精确的分析才能得出。但在日常生活中，也有许多人轻而易举就能发现证明感知力 3 秒节奏现象的证据。

能感知固定的节奏即表明拥有时间整合能力，正如音乐家所用的机械化的节拍器，为保持同一个节奏，会有规律地产生一系列节拍。从物理学上看，经过相同时间间隔产生的节拍会产生有规律的听觉感受。听者往往会将“嘀嘀嘀嘀”的节奏自动加工为“嘀嗒嘀嗒”。根据节奏的频率，人们主观上倾向于构建 1–2、1–2 或是 1–2–3、1–2–3 的节奏。但其实从物理学上来看，这些节奏并不存在。就算调整节拍器的速度，听者仍能听出 1–2、1–2、1–2 的节拍，那么我们就能确定人们时间感的上阈限。这一阈限值就在 2~3 秒之间。时间间隔如果略微低于这一区间，仍然会有一部分人能够听到。如果将节拍器的时间间隔延长至 3 秒，那么整个节拍就只能分成若干个部分保存在大脑中了。也就是说，大脑整合时间、整合外界刺激的能力最多只有 3 秒。当然，它也有一个下限：如果节奏太快，虽然也能感受到一系列节奏，但大脑无法分清主次，无法将之分组。若是将节奏的呈现频率降到 250 毫秒（即 1/4 秒）以下，那么大脑对这一节奏频率进行分组的能力将会完全丧失。因此，感知节奏的听觉阈限范围应该在 250 毫秒到两三秒之间。

在视觉感知力上的时间等级划分也是如此。为了进行研究，人们专门找了特别的实验材料：双关图（参见图 3）。就是那些可以有两种不同解读方式的图片。其中著名的有内克尔立方体，只能从两个角度（右上或左下）看；或是花瓶人脸图，它既能被看成是一个花瓶，也能被看成是两张对视的脸。另外，兔子鸭子图也属于这类双关图，它既能被看成是兔子，也能被看成是鸭子。

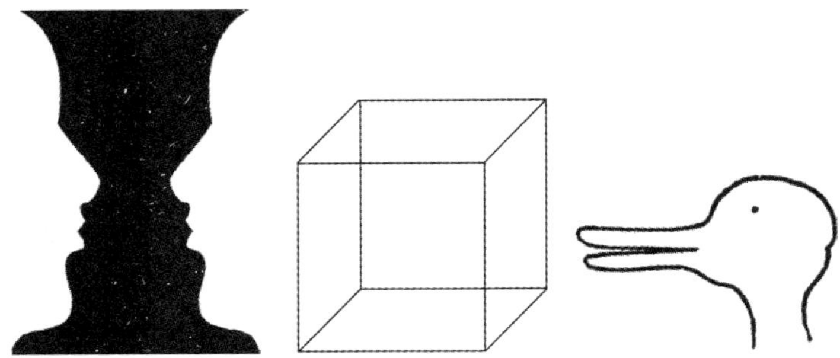

图 3：视觉双关图的一些例子，可以从不同的角度看到不同的图像，这些图从左往右分别是：花瓶人脸图、内克尔立方体、兔子鸭子图。

哲学家路德维希·维特根斯坦曾利用这些图片，证明人们认知世界需要一个视角，没有一个一概而论的世界观，人们在认知世界的时候会使用不同的视角，而不同的视角就会有不同的世界观。那些对被试者认知过程感兴趣的心理学家，要求被试者在观察双关图产生视角变化时按键。而结果再一次证明了时间划分现象大概每 3 秒就会发生。[16] 比如被试者会报告什么时候看到的是鸭子，什么时候看到的是兔子，什么时候看到的又是鸭子，等等。

这和其他的一些发现证实了感知和运动上的时间整合机制会持续 2~3 秒。无论是个别现象还是心理上的时间形态都存在这一机制，现在、当下的时刻会持续。感知力的时间划分现象存在于很多实验中，无论是在行为观察中，还是在人与人之间有声或是无声的交流中、闲谈或是长时间的握手中，甚至在文学作品中，3秒单位时间的现象都存在。我们从外界环境中感知到的不是时间上破碎的感知碎片，而是一段连续的时间。我们具有目的的行为同样也会持续一段时间。人们之间的对话会以下面一系列顺序进行：说话人发出语言信息，听话人感知这些语言单位。口头的交谈一直是以3秒的节奏进行的。因为对话双方都借助于这一划分节奏，以使彼此拥有共同的对话节奏，保证对话能够顺利进行。比如，母亲和幼儿之间的互动分析就表明了，母亲和幼儿是如何在2秒的持续时间内进行交流的。[17]因为有一个共同的时间节奏使得两个人同步，所以对话才有可能进行。换句话说，对话双方在对话行为中具有时间同步性。这种情况会在双方共享当下时间的情况下发生。

工作记忆：大于3秒

最长持续3秒的瞬时记忆是时间记忆的基础。当我们说我们生活在当下时，那么我们便会觉得当下很短，就是现在。或者我们会觉得，在某一段时间内，我们生活在一扇移动着的现在之窗中。这一段持续时间虽然很短，但它作为感知和行为的基础，使我们了解了复杂的世界。我们自身对当下世界上所发生事情的感知，不会仅持续 3 秒。这就是我们所说的短时记忆或工作记忆，它能够将不同方面的瞬间整合成一个整体。当作家尝试描述小说主人公的感知力、记忆和愿望等意识流方面的内容时，这些内容就无法在 3 秒内展现得淋漓尽致。意识流由不同的当下感受组成，而我们在这个世界上的经历又在不断地随着时间的变化而变化。

我们拥有语言能力，能够表达自己。为更好地理解自我，我们随时都可以询问自己：我们是谁，我们在做什么，我们要什么。这些有关自己的历史需要的就是时间的积累。从一个长远视角来看，我们都有一段追溯过去和怀想未来的经历。人之所以为人，是因为人们有关于自己成长史的印象和对美好未来的一种希冀。[18]

基于认知过程，工作记忆在某些经历的瞬间搭建了时间之桥，使自我持续感的形成成为了可能。[19] 除了整合短时经历，那些超过几秒甚至最多达到了几分钟的经历和思想都会被加工。原先的思路，被那些进办公室提问的同事打扰之后，能够继续进行，这是因为尽管思路被中断，但我们认为在 30 秒内，这段记忆不会消失。但有些瞬间现在发生了，只能持续很短的一段时间（虽然我们也会存留一些短时记忆中某些瞬间的经历）。

在第二章中所提到的那些患有遗忘症的精神病患者，就处于一个时间之岛上，对他们来说当下的时间会更短。他们的短时记忆没有受到损伤，只是将大脑所储存的外界信息从工作记忆转化为长时记忆已经不可能了。在认知测试中，如果是那些即刻便能解答的问题，这些病人的表现通常并不突出。由于脑部特定区域受损，他们无法将有意识的记忆转化为长时记忆。即使医生告知病人他们患有神经障碍的残忍现实，他们随即产生的那种失落感也会在几分钟之后消失，因为他们无法储存被告知的信息。但这些病人的其他时间概念却都是正常的，尽管他们无法将新信息储存在长时记忆中。工作记忆会形成一个精神上的时间视域，与叙述者自身有关时间意识的经历相关。那些由不同事件组成的有关自我的叙述，都是从人们的长时记忆中提取出来的。[20]

生命中最美好的瞬间

我们常常向往有意识的生活，那是出于一种当下无法享受生活的无能感。[21]若是有那种无法生活在当下的思想，人就会产生一种缺乏经历的感受。人们会觉得，还没真正经历，生命就过去了，各种经历对于他们来说并没有意义。人们常常渴望有一些特殊的经历，但后来会觉得，若没有真正对之倾注情感，也无法体验到它。有些瞬间是不会像人们所期望的那样被意识所感知的，因为经历的过程缺乏一种感知强度。随之而来的便是种种抱怨和不满：要是我能和我喜欢的人一起，有意义地生活该多好（这强烈地表达了一种想尽情享受当下的愿望）！有时，厄运会使人更加清楚地发现，自己的人生过得多么没有头绪，多么麻木。

如果我不会死，如果时间能倒回该多好！永生是多么美好！若是一切都能由我主宰，我会将每一个瞬间变成永远，我不会浪费，不会吝啬每一分钟，也不会让时间糊里糊涂地过去！[22]

在小说《白痴》中，作者陀思妥耶夫斯基将这一思想通过一个被误判死刑、生命只有最后几分钟的囚犯表达了出来。陀思妥耶夫斯基亲身经历过同样的事情，他也曾被判处死刑，生命只剩最后的几分钟，不过幸好最终被赦免了。因此，他根据自身的经历细致又详尽地描写了生命中的最后瞬间。那时候的时间感会有特殊的变化。陀思妥耶夫斯基说道，最后的 5 分钟对他来说就像是没有尽头的时间，是一笔不可估量的财富。当时自己是何等强烈地去感受每一分钟，甚至觉得时间变长了，而那是一种典型的不寻常意识状态下的特征。这是一种人们在其他情况下所希望的经历。这种意识状态首先会出现在各种极端危险的紧急情况下（战或逃），当然也会出现在一些极端幸福的时刻。这些情况可以发生在极其兴奋的时候，也可以发生在瞬间顿悟的时候，也就是注意力最为集中的时刻。

这些情况几乎是不能也是很难控制的。极限运动员，如登山运动员或是跳伞运动员，为了体验这些时刻的强度以及时间的延伸感，往往会挑战一些极限。在蹦极的那几秒，身体状态便会被激发，使人们有机会体验到时间的强度和延伸感。人们吸毒，是因为这样可以毫不费力地体验到一种感知的强度，而这种强度在人们的日常生活中是很少（极不寻常）出现的。日常生活不外乎奔波于工作和家庭之间，因此当人们真正地专注于某件事时便会非常疲惫。人们必须专心致志，不被内在或是外在的刺激分散注意力。此外，心理上的强度也无法与特殊情况下的意识状态相比较。

在陀思妥耶夫斯基的小说《白痴》中，一开始被判处死刑的受刑者和之后的被赦免者可能是受到了尽情享受每一瞬间这一想法的影响，发誓如果他们还能够继续活下去，绝不虚度生命。尽管在死亡边缘有最清醒的意识，但小说中的主人公后来却浪费了大量的时间。注意力是一种必须学会的能力，和学习拉小提琴、说一门语言一样，也需要人们每天训练。

在一些特定的情况下，我们每天的经历中就有一部分是被充分感知，铭记于心的。这部分经历，正如不断变化的注意力会影响对当下的感觉一样，使人们可想象的空间变得很小。当人们结束一段长途旅行回家后，有些家里非常熟悉的事物，平常完全不会被注意到的事物，有时就会神奇地出现在我们脑中，让人感觉非常新奇，尽管我们知道，这些事物还是原来的旧事物。**某些事情在长期未出现之后突然又出现的第一天，往往会让人感觉非常特殊，致使我们会更强烈地去感受日常生活中的每分每秒以及周遭的环境**。街角的咖啡店或是城市里被雨淋湿的街道，在一开始便会有一种特殊的意义，直到我们习惯以后的最后一天，这种感觉又会重新开始。如果人们在生活中能一直如此专注，那么生活该是多么丰富多彩啊！

呼吸的意义

通行的文化批评理论认为：在当下的生活中，注意力的干扰源是日益发展的社交娱乐媒体。我们不仅仅能了解每时每刻的信息，也成了随时随地都能联系上的人。坐在电脑前，其实只是在写一篇文章，便已进入了互联网的世界，每过一会儿，就会收到邮件，手机和电话铃声便会响（假设传真机处于关机状态中），电脑上的那些最新消息吸引着我（足球赛的结果怎么样了）。有时候人们进行了长时间枯燥的写作之后，需要音乐来提高工作效率，电视上也即将播出人们喜爱的节目了。发达国家的人往往习惯于一边吃饭一边看电视，一边慢跑一边听音乐。人们正在做的一件事（比如写作）经常会被打断，或者人们有意识地同时做许多件事，无法对每件事都投入全部的注意力。要是有些体验并不那么深刻，也是可以理解的，因为注意力需要被分配（事实上，注意力需要快速地在各项工作之间分配）。这些工作若是缺少注意力会出现很多错误（给老板或是给爱人的邮件最好不要在看电视的时候写，如果你现在才知道这点，可能已经太迟了）。

同样，如果人们能够感受到电话线那端敲击键盘的声音，表明

朋友在和我说话的同时也在上网聊天，那么这一次电话聊天也就没什么意思了。（与观察力相关的文化批评理论详见第六章）

缺乏注意力的人不可能有深度的体验。文学家汉斯·乌尔里希·古姆布莱希特认为，这是因为缺少了当下的体验。古姆布莱希特观察了两对夫妇，他们 4 个人一起坐在酒店的一张桌子上，但都忙着玩手机，这就是一个忽视当下的例子。[23]

他们 4 个人，每个人的注意力都不在自己身上。关注当下不仅仅是将思维上的注意力集中到某事上，也要调动与之相关的身体状态。只有身心合一，再加上天时地利，才会产生当下感。所以，作为一个运动员或是一个观众，对体育赛事的参与感，就可以用古姆布莱希特的假设进行解释，注意力强度存在降低的可能性。在世界杯的比赛上，不仅仅是足球场上的 22 个人全身心地专注于比赛，还有上亿观众都同时关注着紧张刺激的点球大战。

严格意义上的体育训练意味着和时间相协调的身体移动。一些需要运动员彼此之间身体靠得很近的运动，能够在某些瞬间给人带来当下感。此外，那些对过去的失败以及未来可能的成功较为释然，专注于自身当下表现的运动员，往往比较容易成功。运动心理学家也曾特地测试过运动员们的当下意识。

广义上的当下感会悄悄地产生于身体和意识还有思想和情绪中。Karthäuser 的和尚 Hugo de Balmas（相传死于 1305 年）对于人们如何通过冥想接近神秘的上帝这个问题给出了一个建议。[24]

图 4：弗朗茨·冯·伦巴赫（1836—1904）的《牧羊少年》，现藏于慕尼黑的沙克美术馆。这个牧羊少年至少暂时是沉浸于当下的。他感受到了温暖的阳光和空气，也感受到了身下潮湿的土地。但少年仍然是有意识的，因为他会用手遮挡太阳。他可以放松地以 3 秒的节奏频率呼吸。只是有时候他被自己所喜欢的事物分散注意力，就无法再关注当下。

如果有人问：要是我不再思考上帝和天使，那么我应该思考什么？我说：你只需要静静地呼吸，不需要思考。

只要专注于自己的呼吸，人们便能对一些奇怪经历非常敏感。Balmas 的经验表明，要体验到神灵般的感觉，仅仅靠神学家传授的智慧远远不够。而简单地专注呼吸运动的一呼一吸，反而是获得超凡体验的正确途径。专注地思考呼吸的节奏频率，静默地专注也是一种专注力冥想的途径。呼吸意味着肢体所感受到的当下，因为肺部的呼吸运动节奏是发生在当下的状态。放松状态下的呼吸时间大约会持续 3 秒，这种现象并非偶然。一个呼吸的周期和当下所经历瞬间能持续的时间是一样的。

注　释

1. 斯蒂芬 · 平克尔 . 暴力：人类的新历史 . 法兰克福：S. 菲舍尔出版社, 2011.

2. 这个论点涉及一个非常复杂的话题，自然就极具争议。尽管这一论点的某些角度站不住脚，但这位以自然科学为指导的心理学家的实验还是应该得到认可，它阐释的不是可怕的末日论，也不是人类简陋的医学治疗史。这项实验表明，许多专业领域的极限是可以挑战、攻克的。针对这一重要问题的研究，需要人文学家、社会学家和自然科学家的通力合作。社会变化的原因，人们需要从跨学科的角度去寻找—100 年前，典型的中欧男性大多是民族主义者、种族主义者、反犹太主义者、男权主义者和反同性恋者。人们可能看过一部美剧，叫《广告狂人》，讲述了 1960 年在纽约的一个广告代理所发生的故事。剧中的女性、犹太人、黑人和同性恋者在那个时代的社会阶层中受到了明显的歧视。现在的巴黎和柏林市市长都是公开承认的男同性恋者，而美国总统也是一名黑人（他在与美国两党中的女性竞争时取得了胜利）。为何许多人的观点都发生了变化呢？

3. 伊丽莎白・库伯勒・罗斯是第一个研究人类与死亡的关系，以及系统论述死亡阶段的人。伊丽莎白・库伯勒・罗斯 . 与死神的对话（第 3 版）. 弗莱堡：Kreuz 出版社 , 2009.

4.Manual Psychoonkologie. 心理肿瘤学手册：诊断、治疗和愈后护理的建议（第 2 版）. 慕尼黑肿瘤中心和 W. Zuckerschwerdt 出版社 , 2005.

5. 参见文章《瞬间》,《焦点周刊》20/2008。

6. 乔恩・卡巴・金写了很多有关注意力冥想的书。这些书不仅仅是写给患者的，甚至许多诊所的医生以及护理人员也会学习书中的冥想法，为了能够更专注地照料患者，也为了能更好地应对工作的压力。每个人在结束一天的工作后，都可以通过稳定情绪和坚定意志来提升自己。这涉及个体的适应力，也涉及身体对于生活压力的抵抗力。这些书也都译成了德语版本，比如：乔恩・卡巴・金 . 寻找生活的宁静 . 慕尼黑：克瑙尔出版社，2010。

7. Grossman P, Niemann L , Schmidt S, Walach H . 正念减压和健康：意向荟萃分析 . 身心医学研究杂志 , 2004, 57：35 – 43.

8. Sauer S, Walach H, Schmidt S, Hinterberger T, Horan M, Kohls N, Ott U. 隐性和显性的情感行为和正念 . 意识与认知 , 2011, 20: 1558 – 1569; Ott U. 对怀疑者的冥想：一位脑神经学家所阐述的通向自我的道路 . 慕尼黑：O.W. Barth 出版社 , 2010.

9. 哲学家对此的疑惑是，当下的瞬间能够持续多久？某些哲学家还提出，时间概念上的瞬间是不是根本没有延续性？在物理学概念上，瞬间就是时间延续段中不会延续的一个数学节点。如果当下经历的瞬间在时间上有所延续，那么人们能够在其记忆片段中再确定一个节点，那就是在它之后（过去的事）或是在它之前（将来的事）。所以这一片段无法代表瞬间，因为它包含了时间的三个维度。那么瞬间是无法延续的吗？在这一相互关系中，需要涉及哲学概念的一个问题：当我们的知觉能感受到所谓无法延续的瞬间时，我们是怎么经历时间的流逝、变化的？一种假设是，这就好像是电影放映技术那样。如果真的存在某些像是拍快照的瞬间，那么这些瞬间就会像放电影那样，形成时间上的动态体验感。但也许这些问题以及理论上的答案，可以在借用数学和物理学概念的基础上，对当下瞬间做一个定义，继而再提出新问题，直到最后对此不再有争议。

10. Flasch K. 时间是什么；奥古斯丁・希伯 . 第 11 本忏悔录 . 法兰克福：维托里奥・克劳斯特曼出版社 , 1993.

11. Kiverstein J. 了解惊人的团结意识：意向论者重视时间经验 . 皇家学会哲学会刊（增刊），2010, 85: 155 – 181; 马克・维特曼 . 瞬间 . 综合神经科学前沿 , 2011, 5（66）.

12. 这个例子来自美国哲学家罗毅丹教授的书《辐射冷却》，它是一本有关意识理论的小说。罗毅丹 . 辐射冷却 . 剑桥，马萨诸塞州：麻省理工学院出版社，2004. 当下感知的原始现象学这一概念，来自埃德蒙德·胡塞尔，他提出了记忆滞留的（刚刚过去的）步骤、留下印象（刚刚感知的）和再回忆（直接期待的）。而奥古斯丁·希伯完善和发展了这一观点。

13. 恩斯特·波佩尔. 音乐和大脑时钟的测定：一种新理论. 利奥纳多, 1988, 22: 83 - 89; Turner F, 恩斯特·波佩尔. 计量化的诗歌，大脑和时间. 美与大脑. 美学的生物学方面. Rentschler I, Herzberger B, Epstein D（编辑）. 巴塞尔：博客豪斯出版社, 1988, S. 71 - 90. 六步格、五步格和亚历山大格式的诗歌，尽管它们的一行诗句已经超过了 3 秒的界限，但通过朗诵的停顿，将每一节再划分为现在的单位，还是能够辨别出三者各自的特征。

14. 马克·维特曼，恩斯特·波佩尔. 大脑作为基本沟通的时间机制—尤其是音乐的感知和表现. 音乐环境，特刊 1999 - 2000, 13 - 28.

15. 恩斯特·波佩尔. 意识的限度：关于现实与处事经验. 慕尼黑：德意志出版社, 1988；恩斯特·波佩尔. 预先定义认知过程的时间渠道. 皇家学会哲学会刊, 2009, B 364: 1887 - 1896.

16. 马克·维特曼，恩斯特·波佩尔. 大脑的时间. 大脑如何形

成时间 . 国际艺术论坛 , 2000, 151: 85 – 90; 有关模糊图像的时间切分问题的科学文献参见：G ó mez C, Argandoa ED, Solier RG, Angulo JC, V á zquez M . 定时与代表模糊图像的网络竞争 . 脑与认知 , 1995, 29: 103 – 114; von Steinb ü chel N, 马克 · 维特曼 , Szelag E. 感知、产生和整合信息的时间约束：临床症状 . 恢复神经学和神经科学 , 1999, 14: 167 – 182.

17. Malloch SN . 母亲、婴儿和交际性的乐感 . 音乐环境，特刊 1999 – 2000, 29 – 57.

18. 参见哲学家斯特凡 · 阿特曼的文章《与时间相对》(没有未来！瞬间的哲学《蓝骑士》. 哲学杂志 , 2011, 31: 98 – 102)。为证明追求时间的片面性，文章还提到了哲学家亨利 · 柏格森。现在的一切都被视为文中的过去和预料的未来。

19. 帕特丽夏 · 戈德曼 · 拉基克 . 心灵世界的空间与时间 . 自然 , 1997, 386: 559 – 560.

20. Varela FJ. 现在的时间意识 . 意识研究杂志 , 1999, 6: 111 – 140; 肖恩 · 加拉格尔 . 自我的哲学概念：认知科学的含义 . 认知科学的发展趋势 , 2000, 4: 14 – 21.

21. 哲学层面上不可能的想法，生活在当下的瞬间，在此应该被略过不提。想法是：当我们想专注于当下时，当下便已流逝。现在，因为当下的观察者是有意识的，因此他便不再处于当下。我们认为，受注意力控制的感知速度太慢，以至于不能使我们处于当下。

22. 费奥多尔·陀思妥耶夫斯基．白痴．斯维特拉娜·盖尔，译．法兰克福：S. 菲舍尔出版社，2010: 90.

23. Gumbrecht HU. 我们广阔的现在．柏林：苏坎普出版社，2010.

24. 我非常感谢 Harald Walach 的引文。参见 Walach H 于 2011 年在弗莱堡大学的心理学和心理卫生学边缘领域机构学术讨论会上的演讲《接受能力与追求—神秘的认识论》。参见 Walach H 于 1994 年在萨尔兹堡大学英美文学系发表的文章《上帝的经验认知：Hugo de Balmas 作品 *ViaeSion lugent* 研究及其德译本》。Analecta Cartusiana 98:1。

第四章

生物钟：我们为何需要时间

人们的时间持续感多数情况下是不准确的。人们常常觉得，为何等待吃饭的时间那么长，或是公共汽车为何一直不来。人们只有对几秒最多几分钟的持续时间才有相对精确的时间感。内部的生物钟调节着生理节律，无论是在身体还是精神上每天都有系统的变化。人类作为一种具有时间属性的种属，一天中身体机能有其运行的高效期和低效期，这一点区别于其他种属。

何时我们能感知到时间？什么情况下我们能觉察到时间的流逝？很多时候还没等我们察觉，1 小时就已经过去了。只有一种典型的情况，时间能够成为我们的自觉意识，那就是当我们在等待所期盼的事情发生时。比如上学那会儿，某天，天气晴朗，阳光明媚，春天的气息透过窗户扑面而来，学生们坐在教室里上着数学课，一个学生瞟了一眼教室里的时钟，离下课还有 15 分钟，马上就要回家吃午餐了（饥饿以及等待午餐的喜悦之情令人蠢蠢欲动），下午和朋友们自由玩耍的休闲时光也令人向往。对下午时光的憧憬让一个学生分神了，不过马上他又把注意力集中到了课上，因为一个女同学正站在黑板前解一道方程题。他焦急地再看一眼时间，离下课还有 14 分钟。自从上一次看过时钟之后，时间过得很慢，每一分钟仿佛变得更长了，时间慢得像蜗牛爬行一样。而对时间流逝的感知同样也作用于身体上，如饥饿感更加强烈，对黑板上的变量和数字更加厌烦。他又瞟了一眼时钟，离解放仍然还有 13 分钟。

又比如，当法国人在美国旅行，而美国人在法国旅行时，他们所遇到的文化冲突之一便是时间观念的差异。一对法国夫妻本想在洛杉矶一家高档餐厅享受一顿烛光晚餐，但最后他们取消了订餐。那是因为，还没等夫妻俩互相讲完贴心话，水果和头盘就上来了，而这以法国人的时间观念来看太快了。同样，一对美国夫妻在波尔多地区的一家餐厅用餐，上菜的速度很慢，夫妻俩把能讲的话都讲完了，桌上的法棍也都吃完了，可还没上菜。于是，随着逐渐加剧的饥饿感，他们越发觉得，那些酒店服务人员早已把他们忘了。事实上，与这对夫妻在美国所习惯的那一套流程不同，在法国餐厅用餐，只有在经过一段时间之后，服务员才会开始上菜。这两种情况都表明，尽管时间能够被在餐厅用餐的顾客所感知，但最后都以失败告终，这说明在这两个过程中肯定有地方出问题了。

当人们在等电梯或是等红绿灯时，2 分钟对他们来说就太漫长了。而有时哪怕仅仅就是几秒，也会影响人们对时间的判断。比如，一辆原来行驶在前面的汽车，突然慢慢地向后插空停车，以致你无法继续行驶。这时，你心里会想，为何偏偏在这个时候倒车呢？这种错误的时间观念只有在人们的实际行动中才不会造成大的影响。例如：办公大楼的电梯在中午使用频繁，而偏偏就是不停在自己所在的那一层，这种情况下，人们可能会走楼梯。然而有的时候，人们会受到时间的束缚，没有任何摆脱等待状况的途径，比如被堵在了高速公路上。这时，**人往往会有许多负面情绪，有些人变得更具侵略性。而此时人再一冲动，就可能会引发暴力行为。**正如在第一章提到的，**冲动的人会高估事件的持续时间。**在冲动、时间束缚感以及一定量侵略潜质的煽动下，个别人为了摆脱这“穷途之境”，会引发暴力事件。

这是夸大其词吗？绝对不是。2007 年，美联社报道了几则极端事件。[1] 在加利福尼亚州，汽车司机侵犯乡道修路工人的事件频繁发生，以致道路完全被封锁。由于道路扩修，乡道扩建，堵车现象时有发生，因此修路工人不断地受到司机的侵犯，有的司机用言语威胁他们，有的朝他们扔诸如玉米卷饼之类的东西，有的甚至朝工人们开枪。最终，一个男人因涉嫌开车撞伤工人而被拘留，使得此类事件愈演愈烈。加州交通部女发言人最后站在司机的立场解释了这些事件，她认为，长久等待的人往往容易失去耐心，并且容易出现过激反应。

在极端情况下，很多人都能感知到时间的存在。然而，时间感知度与敏锐的感知觉息息相关，并能引起戏剧性的反应，这一点是显而易见的。当然，对于这则消息，我们也应考虑到文化方面的因素。加州司机的反应使我们诧异，而日本人的表现则更令人震惊。事实上，跨文化比较学表明，与日本学生相比，美国学生（参见第一章）不太重视延迟至未来的报酬。[2] 这表明，总的来说，日本人在等待未来事件时比美国人更有耐心。

世界各地对时间持续感与生命消逝速度的预估是不同的。美国社会心理学家罗伯特·莱文的《时间地图》这本书中总结了他的研究成果。[3] 目前有这么一种趋势，发达国家和发展中国家人民、北半球温带地区国家和热带地区国家人民、城市人口和乡村人口以及大城市和小城市居民，有各自不同的时间观念。这个结论在好几十个全球性的研究项目中得到了检验。莱文让来自世界各地的学生记录行人的步行速度以及人们在邮局柜台买邮票所等待的时间。然后，研究发现，生活节奏最快的文化区域在北半球发达国家的大城市，那里时间至上，人们十分守时，人们的行走速度快于其他地区，个个行色匆忙，忍受不了等待。另一个极端现象发生在赤道附近的乡村文化区域，那里的人们不紧不慢，工作也是慢条斯理。少见的公共时钟也常常是坏的，人们热衷于和朋友一边喝茶或是喝咖啡，一边聊天，享受悠闲时光。**文化不仅仅因政治、经济和历史条件而有差异，文化这一概念的定义也正是基于各区域的时间观念和个体主观上的时间经历才形成的。**[4]

在研究中，罗伯特·莱文概括出了两种基本的时间文化观念：第一种以具象时间为依据，第二种以抽象时间为依据。在第一种时间文化观念的影响下，人们以事件的持续时间为依据行事。见面约

图 5：不同的时间文化观念：印度泰米尔纳德邦的布里哈迪希瓦拉神庙里，一名园丁坐在草坪上用剪刀修剪草地。

会只有在一件事情（如聊天、吃饭）结束之后才会进行。而那些以抽象时间为准则的人，认为与人有约应言而有信，因此会放下手上的工作。公司的工业化发展速度如此迅速，就是因为工人们能够按照规定的时间作息劳作。时钟的存在使得工作流程同步化成为了可能。但那些以抽象时间为准则的公司其实获利更多。商人们不仅仅在日落之后的某个时候集会，也会准时地在 7 点半集会。考勤机可以准确地记录职工们的上班时间以及工作时长。因此，那些来自异质时间文化区域的职工常常面临着迟到的危险。由此产生文化冲突也是可想而知的。

老板给人的第一印象就是具有强烈的时间观念。领导层之间的会晤应该是准时的。在公司内，上司也要求职员按照规定时间办公。然而当权者就不一样了，毕竟不是谁都愿意遵守时间安排的。员工和上司所约定的见面时间是不允许迟到 10 分钟的，而上司却可以慢吞吞地结束他的电话，甚至可以自己口述让秘书做笔录。这足以证明，**当权者有权使人等待。**

我们如何估计时间

时间感知能力是个体对于时间流逝快慢的一种判断。当无所事事或是急切地等待他人的时候，我们就会觉得时间过得很慢；而一帆风顺的时候，我们就会觉得时间过得很快。当我们急着去见恋人时，火车上的 90 分钟就会显得异常地漫长，但若是同样的 90 分钟用于看一部有趣的电影，我们就会觉得过得很快了。这也就是为什么我们常常见到火车上的人都盯着笔记本电脑——他们希望通过看电影来消磨旅途时光。

上面这些例子中的时间概念是《让我等太久》或是《可惜，又错过了》书中写到的那种不确定感。时间感知能力如何在日常生活中起作用，我们如何度过自己的时间，克里斯蒂安·摩根斯坦的一首诗形象地为我们解答了这些问题。

时间

一个有效的珍惜时间的办法

手握怀表

目视时针

时间走得很慢

如同一只温驯的绵羊
一步一个样
如同圣西尔城里的姑娘
在你沉迷梦乡之际
紫罗兰花
如同长着鸵鸟腿那般
像狮子飞驰的速度一样
瞬间凋零得无影无踪
你再看一眼时间
啊，可怜的人儿，这是什么
时间绽放了一个天真无邪的微笑
那是最曼妙的时间舞步

这首诗用幽默的语言表达出的信息则是：如果我们珍惜时间，时间就会走得慢点儿（如一只温驯的绵羊）；如果我们受制于时间，时间就飞逝得很快（如一只美洲狮）。有时候，特殊时刻的几小时会过得犹如几分钟那么快。定居在美国的心理学家米哈里·契克森米哈在《心流》一书中就对此现象做了大量的研究，[5]并发现这与狂热感紧密相关。“心流”的感觉会发生在一个没有承受任何外界压力，处于高度集中的状态，并对某事具有强烈动机以至于处于极限能力边缘的人身上。专心致志地构想方案、构想新观点、写一篇重要的文章，或是为乐队制作音乐，这些都是人们处于“心流”状态的表现。只有将高超的技术、强烈的专注力和动机结合在一起，这样完成一项棘手任务才能一帆风顺。对某一事物的专注力要求忘记时间。时间流逝正如同时间根本不存在一样。沉浸在“心流”中的人在完成某项工作之后就会惊奇地发现，原来天已经黑了（或是天已经亮了）。

但若是将“心流”与物理上的时间，也就是时钟显示的时间相比较，人们能准确估计时间段吗？动物是否也能估计时间？目前我们已经知道，老鼠、鸽子以及猴子能够估计时间。由于生物物种的多样性，人们断定，动物在估计时间段时一般会少估或是多估几秒。举个例子：研究人员在实验中训练动物在 15 秒后按一下圆盘或是杠杆，动物只有在这个间隔内（可加上或减去某一短暂的时间段）按下圆盘或杠杆，才能得到奖励，吃到饲料。当然，有时动物需要尝试几十次甚至上百次才能熟练地做出这一系列动作（这具有一定的概率）。[6] 研究人员无法对动物做出口头上的指令，所以动物只有不断地练习才能学会这一系列动作。等到鸽子会用它们的喙啄食、老鼠会在规定时间内用嘴按下圆盘或是杠杆时，就算是成功了。而猴子会以一种特殊的方式学习估算时间，它们被要求看到不同颜色的指示灯时，按键盘持续 2 秒、4 秒或是 8 秒。因此，猴子就会在指示灯显示红色时，按 8 秒；灯变绿色时，按 4 秒；灯变黄色时，按 2 秒。[7]

许多典型的时间感知实验是以人为被试者，被试者大多是心理学专业的学生。在有关时间持续性实验的复测中，研究人员往往会预先呈现一段持续性的声光刺激。当预先设定的刺激呈现之后，被试者在某一固定时间段内被要求重复按键盘。在时间持续性鉴别实验中，研究人员会呈现两类刺激，即两个持续时间不同的预设声波。被试者必须听辨其中哪个声波持续时间更长。一个标准声波的持续时间是 1 秒（1000 毫秒），那么研究人员就改变第二种声波的持续时间（1050 毫秒、1100 毫秒、1150 毫秒、1200 毫秒等，标准声波和对照声波的呈现顺序也会不断地改变）。在此过程中，研究人员也会不断记录被试者的回答。根据收集到的回答，研究人员确定了两种声波时间间隔多大时，人耳才能听辨出哪种声波持续更长。换句话说，研究人员确定了时间差的感知阈限。这两种方法的优点在于，不用在口头上确定绝对持续时间值（诸如声波持续了4秒之类的定论），除了无法精确到毫秒，这类方法能够通过按键动作或是听辨两种声波长短的方式确定个体在时间维度上的感知能力。通过将这些约数取整，得出大约10秒之类的结论，被试者根据自己在时间维度上对1秒的分辨能力做出粗略的估计。

许多被试者在估算十几秒的持续时间段时会无意识地计数。他们会大致地绘制一条时间轴，这使得计数会非常准确。而要阻止此类估计策略不容易。许多研究人员相信他们的被试者，并要求其不再计数。另一种控制此类现象的可能性就是，研究人员在时间感知力测验任务中再附加一个无须计数的简单任务。而这样做的一个风险在于，第二项任务可能与估算时间任务毫无关系。实验表明，相比于要求他们必须解决第二项任务的时间段，被试者往往认为没有设定任务的时间段更长。这种反应再一次印证了克里斯蒂安·摩根斯坦在诗中写到的：**若是人心有所系，感觉时间就会过得快些。**

生物钟是否存在？

尽管对于时间感知能力的实验研究起源于150年前，但是迄今为止，对于如何培养感知能力和持续性时间的辨别能力，研究者还未形成统一意见。1963年，牛津大学教授米歇尔·特雷斯曼首次提出了一个基本模型：大脑中的生物钟会不间断地释放一定能量聚集而成的电脉冲。[8]而电脉冲的强弱则会确定个体主观上对持续时间的判断。这个认知模型能够解释，为何生理上的长时间待机也会反映在个体主观感受上。因为有更强的电脉冲聚集到了一起。

这个基本的节拍计数模型进一步发展就考虑到了个体专注程度这一因素。[9]只有当人专注于时间，一定能量的脉冲才能形成。如果人忘记时间，脉冲强度就弱些，这样就感觉时间过得很快。这个模型假设也可以解释，为什么人们在等待时会觉得时间过得慢。在家庭医生的等候室中，如果一个人无所事事，心系时间，20分钟可能会很漫长。但如果他沉浸于一本有趣的小说，不再关注时间，那么20分钟就会过得很快。这个模型假设很符合人们日常生活的时间体验，也正如克里斯蒂安·摩根斯坦在诗中所描绘的那样。根据节拍模型理论，大部分脉冲首先是以能量的形式产生的，而后来形成的脉冲能量则较为弱小。

这个模型理论并不是前人所得出的最终结果，事实表明，目前研究人员已提出了一系列新的理论。[10] 比如记忆的时间表征理论，记忆流的分解理论，这些都是以时间作为内部信号反应为视角的理论。[11] 也许时间持续的长短与个体能回忆起某事最初的记忆片段紧密相关。时间过得越久，对某事最初的记忆就越模糊。根据这个假设，也许目前尚无明显的具有主管预估时间能力的机制——一个嘀嘀嗒嗒在脑中运行的时钟，随着有关过去事件记忆的逐渐消退，持久性的感觉就产生了。

而另一种说法则表明，持久性的感觉是在思想以及情感的刺激下才产生的。[12] 众所周知，新奇事件的记忆保存时间往往会更长久，因为这对于感知能力、思考能力以及情感评估能力的要求更高。而人类的记忆对陈年旧事则不会做特殊的分析和加工整理，因而其被感知的程度也不会很深刻。另外，工作投入程度也会影响个体对时间持续性的估计。而这个假设也没有提到评估持续性的生物钟。**我们一直保持着积极的精神状态来评估发生的各种情况，正是**

在不同兴奋程度的专注力、记忆力、思想力以及感知力中，能力各异的感知力才形成了。

总之，至少到目前为止，脑科专家和心理学家还没发现脑区内负责调控分秒时间概念的生物钟。而脉冲计数模型，一个嘀嘀嗒嗒不断被暂停又开启的秒表，也只是一个比喻。对于探索调控时间感的脉冲计数模型的脑部生理机制的尝试，目前也是以失败告终。更确切地说，目前仍没有可被普遍接受的关于时间感知力的脑部理论（第七章将会提出一个全新的整合哲学、心理学以及脑部研究的多学科的理论模型）。尽管对简单而机械的生物钟理论仍有很多批判声，但节拍计数模型已被证明是有价值的，也能解释许多现象。根据这个模型，主观上的时间感知力会受到两种机制的影响。其中一种机制也就是上面所说的会作用于脉冲计数模型释放的注意力控制机制，另一种会影响脉冲释放的频率。如果大脑节拍器释放脉冲的频率有所提高，脉冲积累的速度也就会越快，这将导致主观上对持续时间判断的延长。

20 世纪 30 年代初，美国生理学家赫德森 · 霍格兰的妻子发着烧躺在床上。有时，霍格兰仅是出去了一会儿，比如去药店，他的妻子也会抱怨怎么出去那么久还不回来。作为一名学者的霍格兰就会让他的妻子做一份卷子，或是从 1 数到 60。事实证明，当妻子数完 60 秒时，其实才过去了 37 秒。因此，霍格兰得出了一个结论，由于发着烧，妻子新陈代谢的速度加快了，这使得她数数的速度也变快了，同样对时间持续性的估计也会更长。节拍计数模型可以描述此类过度估算时间持续性的现象。过高的兴奋水平会导致节拍器计数频率的增加，因此在一个确定的时间段内会积聚更多的脉冲能量。所以，霍格兰的妻子才会认为丈夫也许已经离开了有 10 分钟，尽管其实他才走了 5 分钟。1933 年，霍格兰在一篇文章中对不同身体状态下具有不同运行速度的生物钟现象做出了自己的假设。[13]

人类意识的时间之窗

目前为止，我们仍未提出这样一个重要问题：哪一段时间能够完全用该模型解释？有时我们认为某人按门铃的时间太长了，其实他才按了 4 秒；当我们面前的红绿灯一直不变颜色的时候，我们对红绿灯持续时间的估计会更草率。我们对时间的估计会依据一种错误的感知（红灯持续的时间太久了）来进行。只有和时钟进行比较，以直观感受确定的时间单位才会精确到秒或分。我的同事一致认为，圣地亚哥拉荷亚市的一个十字路口以让人等待而闻名，因为那里的交通情况迫使人们不得不停下来等待前行。由于加州大学圣地亚哥校园外聚集着成片的办公区，人们为了去学校的不同地方，必须步行或是开汽车穿过一条大马路。十字路口处的红绿灯让我和我的同事心烦，因为我们不得不等很久它才变绿。一次在一个工作日，我计算了红灯的持续时间，并连续两天进行了复测。结果发现，红灯持续时间为 2 分 15 秒。而我所询问的大部分同事则都高估了这段他们长年累月、不计其数需要等待的时间（有时一天他们甚至要经历很多次）。其中有一点值得人们深思，其实人们常常是在红灯已经亮后才来到红绿灯处的，因此等待红灯变绿的时间其实是少于 2 分 15 秒的。这个小样本有其两面性：一方面，人们往往在 2 分钟之内就会丧失其耐心。“2 分钟”是人们为了清楚表明人类行为具有一致性而给出的一个时间范围。主观上来说，2 分钟过长。而另一方面（不具有代表性）这个样本的数据由于范围仅限于 2 分钟，因此也是不够精确的。而问题就在于，持续时间的范围应该设定为多久，人们才能做出准确的估计。研究中所提出的多样化时间机制或许是一个有利证据。

首先可以确定的是，人们可以准确估计 3 秒左右的持续时间段。如果一个人不断去尝试，那么他对 3 秒长的时间段的主观估计的误差就会相对降低。对于长于 3 秒的持续时间段来说，最大的问题往往是主观感受到的时间和客观存在的时间之间有显著误差，因为被试者的感觉越来越不准确。[14]“3 秒钟理论”可不是什么魔法之类的，它只是说明，人们在可被感知的“现在”这段时间里，可以对时间段的大概长短有最佳感知（参见第三章）。在这段时间范围内，人们可以准确估计时间长短，以此来指导自己的行为。在和环境打交道时，比如钓鱼、打猎或者保护自己免受猛兽和他人伤害时，这种精确的计时至关重要；而在日常生活中，道路交通方面更是需要准确地计时；在音乐和运动这些领域，时间上的精准也是不可或缺的，哪怕几秒钟就可以决定成功和失败。即使有的时候我们没有注意到时间，大脑仍然在不断地加工环境给我们的刺激，特别是那些反复发生的事情。如果没有一定的精确度，可能某个舞者就会正好踩到他搭档的脚。当研究时间感知的科学家们判断两个声调长短的时候，他们领教了优秀的感知和运动机能系统的厉害，这个系统正是用于加工“现在”经历的时间段。这也说明了这个利用影像进行的关于人类感知时间能力的研究，类似于使大脑活动间接可见的功能磁共振成像（fMRI）。在磁共振扫描仪下躺着的被试者必须判断时间持续的长短。这项研究表明，他们大脑中参与运动行为计划和实施的区域是非常活跃的（见图 6）。

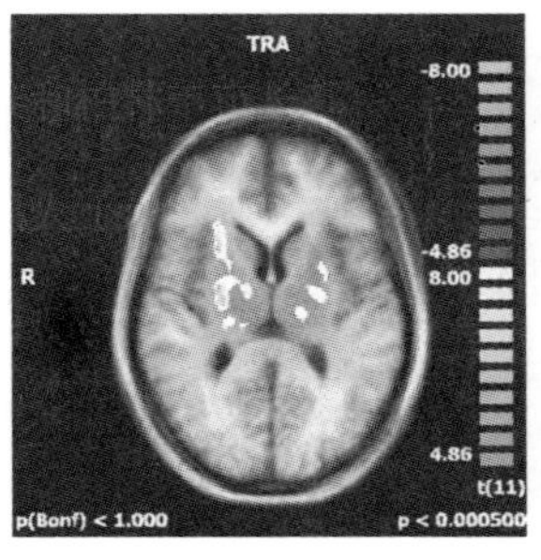

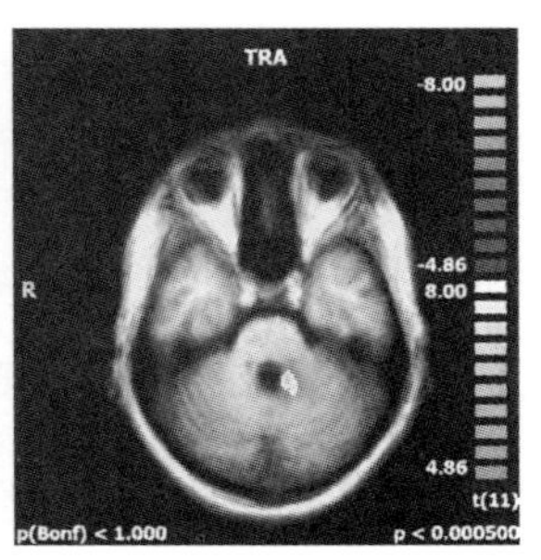

图 6：在研究刺激时间长短对大脑影响的实验中，研究人员发现，当对大脑进行长度为 1 秒钟的刺激时，大脑活跃度与安静状态下的大脑活跃度的对比如图所示。从其结果可以看出，基底神经节（左边）和小脑（右边）尤其活跃，这也是积极参与行为过程控制的区域。

法国心理学家，同时也是时间研究者的保罗·弗雷斯对时间感知力和时间估计进行了区别。[15] 当人们感知时间的时候，近 3 秒的时间段是被作为连续的整体来加工的。如果一个刺激持续的时间超过了 3 秒，那么要想感知它的长短，就必须借助于短时记忆来估计它持续的时间，这就需要多费点儿功夫了，因为这段持续的时间并不是作为一个整体的“现在”被感知的。比如说，一个持续时间较长的音调在几秒之前就开始响了，我们却可以一直听到这个音调；和它类似，刚刚的三四秒如果过去了，就不会再次出现了，但我们可以通过记忆再次回想起来。所以，显而易见，**人们对超过 3 秒的时间估计的准确率会下降，其原因就是这个时间段并不是作为一个时间上的整体来呈现的，**并且短时记忆持续的时间长短取决于个体的不同。

虽然人们对超过 3 秒的时间段的估计不太准确而且变化不定，但我们的确是可以感知到较长的时间段的。我们可以连续并且有意识地感知到——换句话说，集中注意力去感知的最大的时间间隔是多少呢？在一项实验中，被试者被要求每个小时按一下按钮，这样就不断地出现了很多个“1 小时间隔”。显然，这些时间间隔完全偏离了物理学上的时间，但是整体上看是符合规则的。尽管如此，时间本身不知道自己在不断地被感知。1 个小时内会发生太多事情，比如被试者注意力开始不集中，或者被试者需要不断地提醒自己去估计 1 个小时的长短等。最后，被试者会依赖自己的经验，或者联系自己在过去的某段时间内做的事情需要的时间长短（比如洗碗需要 20 分钟左右）来估计时间。人们对过去的几个小时的长度的感知是由自己的记忆力产生的，这也说明，时间估计机制并不会每个小时提醒人们一下，更不会过时失效，这项机制可以给人们一个自然时间界限，从而可以使人们连续不断地感知到时间持续长短。比方说，煮鸡蛋的 3 分钟可能让人们感受到时间长短——当然前提是煮这个鸡蛋没有超过 3 分钟。根据这个用 3 分钟煮好的鸡蛋里面蛋清蛋黄的状态可以评价这个人煮鸡蛋的技术，也可以评价这个人感知时间的准确度。要想将注意力在煮鸡蛋这件事上保持 3 分钟太难了，因为脑海里许多和煮鸡蛋相关的东西都一齐涌现出来，这样就妨碍我们注意力的集中。但是通过一些训练可能会促进这些集中注意力的实验顺利进行，同时也可以打发时间。一个做过冥想训练的被试者通常会更加容易应对这种实验，因为如果一个人定期进行冥想训练，他就已经习惯长时间集中注意力了。（参见第三章）

一个人持续感知的时间长短意味着这个人的短时记忆保持时间的长短。比如说记电话号码的时候，如果我们不把这个号码重复读到长时记忆可以保存的程度，那么这个号码几秒钟内就会被迅速遗忘。当我们想在短时记忆这段时间内同时去加工各种不同的东西时，工作记忆就要发挥作用了，如我们大声朗读一篇文章的同时必须记住一串刚刚学过的数列。实验表明，当被试者要求在 12 秒后重复已学的数字或者字母时，他们已经遗忘掉其中的一大部分了。毫无疑问，工作记忆在更长的时间段内也是发挥作用的，但是至少抽象的记忆内容，在记住之后最初的 10~12 秒内基本就被遗忘了。一个固定的时间上限也改变不了什么，工作记忆的能力取决于记忆的内容和语境因素。1 分钟已经是一个比较大的时间值了，半分钟可能会更加切合实际。[16]

既然提到了意识和工作记忆前后语境的内容，我们就要说说人的意识中关于时间的那扇窗户。随着时间的流逝，我们总是在经历着新的事物，但与此同时，我们刚刚经历过的事情也会被遗忘。我们的经验依赖于这扇意识中的窗户，当然也和心智能力有关。工作记忆在时间上的界限也是人类可以持续感知时间的上限。所以，**时**

间感知力机制是和对时间的持续感知有关的，并且这个尚待被发现的机制只适用于**几秒到几分钟**这样的时间范围。

真实的生物钟：近昼夜节律

正如我们所看到的那样，研究“生物钟”的科学家们可能是被几秒到几分钟的时间范围内的时间感应力所限制，所以直到现在，研究成果也是寥寥。尽管如此，生物钟确实是存在于每一个生命体中的，不管是单细胞生物还是人类，它调控着我们每天的生理表现和日常行为。这项机制符合机体的昼夜转换原理，因为昼夜转换原理也是以 24 小时为周期来发挥作用的。比如说，海藻在昼夜节律影响下漂浮在海洋各个层面（海藻要交替进行对深海营养物质的吸收和在浅海的光合作用）；植物在近昼夜节律影响下伸展着腰肢；小动物们的昼夜节律也是这个道理。近昼夜节律（拉丁语中，circa 意为“大约”，dies 意为“天，日子”）表现在机体的很多生理功能方面，有时也表现在基因方面。对我们人类来说，近昼夜节律不管是在我们的情绪和思维还是在对时间的感知方面，毫无疑问都是产生着影响的，例如我们对时间流逝的感知能力的塑造、我们的心算能力，还有我们反应时间的规律波动，这些都受近昼夜节律的影响。[17] 我们的许多认知能力，比如思考速度和准确性，在上午的时候更好，而且在将近中午的时候工作效率甚至可以达到顶峰，这也提醒我们，学校里的重要课程或者和某人的重要约见最好不要安排在上午 8 点到 10 点之间。另外，下午的工作效率会逐渐降低。

近昼夜节律是有机体的内在机能，有机体内一个或几个重要器官调控着节律，哪怕没有外界太阳光的影响，近昼夜节律也依然发挥作用。比方说，植物每天都会向着太阳的方向伸展叶子，即使把它放在黑暗的房间里，它还是如此。实验已经证实了人类内在时钟的本质。早在 20 世纪 60 年代，就有志愿者参加了科学家 Jürgen Aschoff 在马克思－普朗克研究所进行的行为心理学的经典实验“基地实验”。[18] 实验中，这些志愿者（其中一部分是想学习这门科学的学生）被隔离长达 3~4 周，他们断绝了和外界的一切联系，甚至还要摘掉手表，所以他们感知不到昼夜转换（屋内只有电灯，被试者可以自己开关）。然而，这些被试者作息照常，体温和代谢都很正常，这表明昼夜节律仍然在发挥着作用。但是，这和在自然环境中的以 24 小时为周期的节律有一点不同，这种内在的节律持续的时间更长，平均约 25 小时。也就是说，在隔离环境下，有机体无论是对自己的作息还是对其他生理参数的主观时间感受都会较长一些。除此之外，各个参数之间的区别还表明，虽然不同的节律通常此起彼伏地发挥作用，换句话说，不同节律发挥作用的阶段是互相联结的，但在这个实验中，这些阶段却逐渐分离。举个例子，虽然人体温度与作息节律密切相关，在早晨是最低的，在下午的晚些时候达到最高，但是在有机体与外界隔离的条件下，这两个参数在时间上逐渐开始不同步。

研究还表明，时间感知力同样具有日周期波动。[19] 试验中，被试者被要求在他们醒着的时间内，每感觉过了 1 个小时就按一下按钮。这样，每隔 1 小时就出现了一个时间间隔。另外，他们每个人还需要在按这个按钮之前或之后的 10 秒再按一下另一个按钮，以便研究者对这些被试者对短时间段的时间感应力的准确性进行测量。实验表明，对 10 秒的时间感知力的日周期波动与体温的日周期变化有关，即当人的体温达到最高值时，一个最短的时间间隔会产生：人的体温上升，这使得被试者按下按钮的频率也提高了，每次产生的时间段变短了，这是因为被试者的心率加快了。前面我们提到的 Hudson Hoagland 对他发烧的妻子所做的实验也证实了这一点。

“1 小时”的产生过程却得出一个相反的结论，实验表明，测量出来的时间段长度的波动（被试者按按钮产生的时间段变化波动范围大到 1 小时至近 3 小时）和被试者醒着的时间长短有关，但是和体温没有关系。这项发现也再次表明，**在不同时间长度等级中，**例如实验中是在几秒到 1 小时的范围内，**时间间隔取决于不同的生理机制。**

在正常的生活环境下，许多体内本来互不相关的生物钟通过光源同步成一个以 24 小时为周期的稳定节律。“基地实验”的实验环境说明了光源对稳定的周期和机体节律同步的重要性，其他实验也表明，对于动物来说，光源起着计时器的作用，因为光源可以给它们提供准确计算时间的频率。视交叉上核（SCN）是下丘脑内位于视觉神经上方的核心区域，它接受并整合外环境的光信息和昼夜变化，调控着有机体内众多内在节律和外环境的同步节奏。[20]

在我们乘坐洲际航班时，由于飞机带着我们跨越了很多时区，因此我们对自己内在生物钟带给我们有机体的调控功能的感受越发明显。此时，我们的生物钟仍然按照我们原来的昼夜节律在工作，这就和我们目的地实际情况不符，造成的结果就是我们白天头脑昏沉，思路不清晰，晚上却精神熠熠地躺在床上。这个时候我们可以想点儿办法尽快让自己把时差倒过来，比如我们可以在白天尽量多见光、多活动，保持活力，告诉你的生物钟你已经到了新时区，让机体可以尽快地适应新时区。

不同的时间类型：云雀型和猫头鹰型

有些人基本每天都要经历一次“倒时差”。不同的人性格迥异，不同的人昼夜节律也是互不相同。我们体内的生物钟都是千差万别的，睡眠节律更是大相径庭。事实上，在早睡早起者（即“云雀型”）和晚睡晚起者（即“猫头鹰型”）这两类属于不同时间类型的人之间还存在着“中间型”，虽然他们都遵循以 24 小时为周期的节律，但是他们每天的精神状态和工作效率却截然不同。早睡早起者在晚上很快就感觉到疲劳，所以很早就睡了；晚睡晚起者在晚上仍然活力充沛，所以睡得很晚，[21]这样就给疾病入侵带来可乘之机，因为就算不考虑时间类型这个问题，每个人每天都需要 8 个小时的睡眠时间（可以适当增加或减少 1 个小时）。我们所处的社会也遵从着早睡早起者的时间类型，比如 8~9 点我们就要去上学或者上班了，在有些行业，比如医院或者面包房，工作时间甚至更早。已经有晚睡晚起者抗议，认为这和自己的生物钟相反。德国慕尼黑大学医学院的时间生物学家蒂尔・伦内伯格提出“社会时差”这个概念。[22]他认为，晚睡晚起者体内的生物钟和其工作日程安排不匹配，这就产生了“社会时差”。受睡眠节律影响，这类人晚上睡不着，早上又被闹钟叫醒，苦不堪言，如此一个星期下来，就导致了睡眠缺乏，他们自然就会在周末大白天睡懒觉，把缺失的睡眠补回来。研究还表明，晚睡晚起者在白天还会大量饮用含咖啡因的饮料以保持清醒，而在晚上摄入大量酒精饮料以帮助自己入睡，这些行为都是典型的“自己给自己开药方”。所以，总体来看，**晚睡晚起者在心理状态和睡眠质量上都不如早睡早起者好。**

对青少年来说，他们产生“社会时差”是不足为奇的，因为现代生活的节奏使得他们都成了晚睡晚起的人。从 21 岁开始，他们才会成为在早睡早起者和晚睡晚起者这两类人之间的“中间型”。[23] 尽管大部分青少年在早上 7 点之前就被叫醒去上学，但是他们体内的生物钟仍在暗示他们，现在仍然是深夜。接着，他们开始背单词或者解方程式。当然，我们不能把学校的问题都单方面推到有机体的生物构造和社会节奏之间的矛盾头上，因为这里面还有很多其他原因。尽管晚睡这种时间类型与机体的行为方式和心理状态之间已经被证明存在着某种联系，但是这种联系并不密切。然而，许多研究也表明，一方面，时间类型和“自己给自己开药方”这样的行为之间存在着联系；另一方面，时间类型也和心情沮丧、低落有关。正如已知的研究成果所说的那样，晚睡晚起的青少年喝大量咖啡因饮料和酒精饮料，另外，他们吸烟的概率也更大。也许一些小小的改变就会起到“四两拨千斤”的效果。1997 年，美国在其进行的一项纵向研究中，将学校上课时间由 7：15 推迟到 8：40。[24] 研究结果表明，总体来说，学生困倦感和沮丧感降低，注意力更加集中，成绩也比未享受这一改变的学生更好。然而考虑到当今社会节奏和经济效益，而且学生家长上班时间都比较早，要求学校 9 点钟再上课也是不现实的，但是学校最好还是不要把重要课程安排在 10 点前。

注　释

1. 美国东部时间 2007 年 7 月 20 日，下午 2:03，Greg Risling 联合通讯社报道：“受道路拓宽工程影响的司机给修路工人带来了太多的麻烦，包括死亡威胁、持枪射击以及朝他们扔卷饼，州政府因此关闭了高速公路。去年 9 月，由于在回家途中使用致命武器袭击了道路看守员，查尔斯 · 芬恩被逮捕并拘留。今年年初，有一名工人觉得她的大腿后部异常疼痛，她低头看时，发现地上有 BB 子弹。对此，加州交通运输部女发言人卡辛格说道：‘如果你占用了他人的时间，甚至想占用其更多的时间，那么他们就会丧失耐心。’”

2. Takahashi T, Hadzibeganovic T, Cannas S, Makino T, Fukui H, 北山忍 . 跨期选择的文化神经经济学 . 神经内分泌学，2009, 30: 185 - 191.

3. 罗伯特 · 莱文 . 时间地图（第 2 版）. 慕尼黑：皮珀出版社，

2004.

4. 美国的东海岸和西海岸的人还是有些差异，尽管这两个区域都属于世界上最富裕的地区。纽约因其高速的生活节奏而遭人厌弃，相反，加州的生活更为悠闲自在。但同样是自在的加州人，以我德式的标准来衡量时，他们对待时间的态度也是不同的。当我每次匆匆地来到指定的实验室，打开门，准备参加加州大学圣迭戈分校 Martin Paulus 教授工作组中 20 个同事每周一次的会议时，没有一个人能够准时到达。这样的事情在我身上发生了不止一次。要过 10~15 分钟以后，同事们才会慢吞吞地进来。

5. 米哈里・契克森米哈 . 心流：幸福的秘密（第 13 版）. 斯图加特：克勒特・科塔出版社 , 2007.

6. Gallistel CR, 约翰・吉本 . 时间、速度与调节 . 心理学评论 , 2000, 107: 289 – 344.

7. Mita A, Mushiake H, Shima K, Matsuzaka Y, Tanji J . 由前补充区和辅助运动区编码的间隔时间 . 自然神经科学 , 2009, 12: 502 – 507.

8. 米歇尔・特雷斯曼 . 歧视时间和冷漠的间隔：内在时钟模型的定义 . 心理学专著 , 1993, 77: 1 – 31. 在文章发表 50 年之后，2011

年 11 月，米歇尔・特雷斯曼参加了在代尔门霍斯特市汉萨科学研究院举行的以“时间和大脑意识”为主题的会议，向其他时间研究者介绍了他的理论模型。

9. Zakay D, Block RA. 时间的认知 . 心理科学最新趋势 , 1997, 6: 12 – 16.

10. 关于各种心理学和神经科学的理论模型的概要，请参见马克・维特曼 . 神经科学的时代——时间经历的认知和情感调节器 . 医学心理学杂志 , 2009, 18: 28 – 39。2009 年英国杂志主题册《皇家学会哲学会刊》B（由马克・维特曼，van Wassenhove V 发表）出版了该领域优秀学者的作品合集。

11. Wackermann J, Ehm W . 内部时间的双重滴水钟模型和时间的再生 . 理论生物学杂志 , 2006, 239: 482 – 493；Staddon JER . 时间间隔：记忆，不是时钟 . 认知科学的发展趋势 , 2005, 9: 312 – 314.

12. Marchetti G. 时间研究：如何走出循环的建议 . 认知过程 , 2009, 10: 7 – 40；Eagleman D, PariyadathV . 主观持续感是编码效率的特征吗 . 皇家学会哲学会刊 B, 2009, 1841 – 1852.

13. Hoagland H . 持续时间长短判断的生理因素：化学时钟的证

据 . 普通心理学杂志 , 1993, 9: 267 – 287.

14. 科学研究表明，人们可以准确估计 3 秒左右的持续时间段，关于此的系统综述可以参见以下文献：恩斯特 · 波佩尔 . 认知进程的预语义定义时间之窗 . 皇家学会哲学会刊 B, 2009, 364: 1887 – 1896；Szelag E, Kanabus M, Kolodziejczyk I, Kowalska J, Szuchnik J . 人类处理时间信息的个体差异 . 神经科学实验学报 , 2004, 64: 349 – 366。这方面更早之前的论文可以参见注释 15。关于此的权威著作一直是：恩斯特 · 波佩尔 . 意识的限度：关于现实与体验 . 慕尼黑：德国出版公司 , 1988.

15. Fraisse P . 时间心理学 . 慕尼黑，巴塞尔：恩斯特 · 莱因哈特出版社 , 1985.

16. Gruber T. 记忆 . 基础心理学 . 威斯巴登：VS 社科出版社 , 2011.

17. Roenneberg T . 嘀嘀嗒嗒 . 生活中的时间生物学 . 科隆：杜蒙出版社 , 2012.

18. Aschoff J, Wever R . 无定时器条件下的人类自发周期 . 自然科学 , 1962, 49: 337–342；Aschoff J. 人体昼夜节律 . 科学 , 1965, 148:

1427–1432.

19. Aschoff J. 人类对短时和长时间隔的感知：与体温和唤醒时间的关系 . 生物节律杂志 , 1998, 13: 437–442.

20. Roenneberg T, Merrow M. 生物钟——生理学的兴衰 . 分子细胞生物学综述 , 2005, 6: 695–971.

21. 如何确定一个人的时间类型呢？极端的时间类型很容易归类，例如从早晨和晚上的状态和疲劳度可以看出一个人是属于哪种时间类型的。需要注意的是，大多数人都位于极端类型的中间区域，人类的时间类型呈现高斯常态分布。当然也有其他行为可以反映时间类型，如早起的人往往在工作日早上吃一顿丰盛的早餐，而晚起的人早上除了咖啡其他什么也咽不下去。参考入睡和醒来时间的话，时间类型归类就更准确了。放假的时候，如果没安排也没闹钟，您几点睡？又几点醒呢？我们可以把入睡和醒来时间的中间点作为判断时间类型的参考值。有些人半夜睡觉，但是可以 8 点自然醒来，那么他们的平均睡眠时间点就是凌晨 4 点，所以这样的人就属于中间型的时间类型。如果想确定自己的时间类型，可以在线试试蒂尔・伦内伯格设计的“慕尼黑时间类型问卷”（MCTQ）：https://

www.bioinfo.mpg.de/mctq。

22. 马克・维特曼，Dinich J,Merrow M, 蒂尔・伦内伯格 . 社会时差：生物钟与社会时间的错位 . 国际时间生物学 , 2006, 23: 497–509；关于社会时差的详细阐述可以参见蒂尔·伦内伯格的通俗科学书籍中的脚注 17。

23. 蒂尔・伦内伯格，Kuehnle T,Pramstaller PP，Havel M, 阿兰・古斯，Merrow M. 青春期终结的标志 . 现代生物学 , 2004, 14: R1038–R1039.

24. Wahistrom K. 变革的时代：关于推迟高中上课时间的首次纵向研究 . 全美中学校长协会公报 , 2002, 84: 3–21.

第五章

长短人生

随着年龄的增长，我们感觉时间消逝得更快了。日复一日的生活，使得我们对经历的事情感觉日渐麻木，甚至都记不太清楚每天都做了些什么。正是因为我们生命中经历的那些事情是依赖于我们记忆的，所以随着日复一日例行公事般的生活，我们主观上就感觉时间好像变快了。对很多人来说，充实而又丰富多彩的人生同样也是漫长的人生，因为实际上，我们可感受到的时间也说明生命是有限的。

我现在在读这一行字，我可以看，可以听，还可以真切地感受到“现在”这一刻。即使我们回忆上次度假或者期待明天的郊游，实际上这种“回忆”和“期待”现在就已经开始了。“现在时”这个时态是时间上的一级，在这个状态下，我可以回忆过去，也可以计划将来。如果我们从“现在”这个角度去回首过去，那么那段时光就被我们感知到了。从时间顺序来看，那段时光都是从童年回忆开始的，我们意识的启蒙也是和这段最初的回忆有关。不论是对生命持续的感觉，还是对过去某个人生阶段的感觉，都是来源于我们的记忆。

可被感知的时间其实是我们生命中存在感非常强的一段时间。很多人都觉得，好像时间过得越来越快了。比如说，孩提时光，我们觉得每学年结束后的假期简直是太悠长了，复活节到圣灵降临节之间那段上学的日子过得也是无比漫长。再和如今相比，当我们成年后，五六周的时间一眨眼就过去了。在我们成年之前，“学年”或者“年”都意味着很长的一段时间；与此相反的是，我们工作后会惊讶地发现，我们已经和同事共事很多年了，时间就这样迅速而不着痕迹地消逝了。**人们越来越觉得，随着年龄的增长，时间似乎也过得越来越快了。**

对这种现象的常见的解释是：随着年龄的增加，“1 年”和自己的年龄相比就显得相对短了一些。比如说，对一个 10 岁的孩子来说，1 年就是他生命的 1/10，但是对一个 80 岁的老人来说，1 年只是他生命的 1/80，很明显，后者给人的感觉相对比较短。但是问题是，这种对时间的感觉的计算方法真的有理论依据吗？还是它仅仅描述了这一现象而已？其实，这种解释似乎拉近了过去和未来之间的距离。时间视角与“过去”“现在”和“将来”这些时间概念都有关，而这些时间概念在我们的人生中是不断变化的。（参见第一章）

首先，**人们对“过去”的看法是影响其对时间的理解的重要因素**。曾有两次大规模研究证实过这一点。共有超过 2000 名不同年龄阶段的成年人参与了这些研究，他们都是来自我们所熟知的工业国家，如德国、奥地利、荷兰和新西兰等国的农村或者城市。[1] 调查结果显示，成年人普遍感觉时间过得很快，并且随着年龄的增长，时间似乎变得越来越快了。中年人还表示，从青春期到刚刚成年中间那段时间过得特别快。这一点也与我们的切身体会相符。

但是有一个因素不能被忽略，那就是如果一个 40 多岁的人感觉时间变快了，**这其实是当他回忆过去的时候，对时间长短的估计受到大脑的错觉的影响**。研究者还对不同年龄阶段的人对某个时间段的体验进行了比较，结果是：人们对 1 周、1 个月、1 年、10 年这些时间单位的长短感知都是一样的。研究还表明，年龄和时间流逝速度的主观感受之间存在不易察觉的联系，即一个人的年龄越大，10 年对他来说就过得越快。这并不是指已经过去的星期、月或者年，而是随着年龄的增长，每个 10 年就过得越来越快。除此之外，直到 60 岁前，人都会觉得时间的流逝速度都是越来越快，60 岁时，这个速度会达到一个峰值，也就是说，**大概在一个人 60 岁的时候，他才感觉，时间流逝不会越来越快了**（参见图 7）。

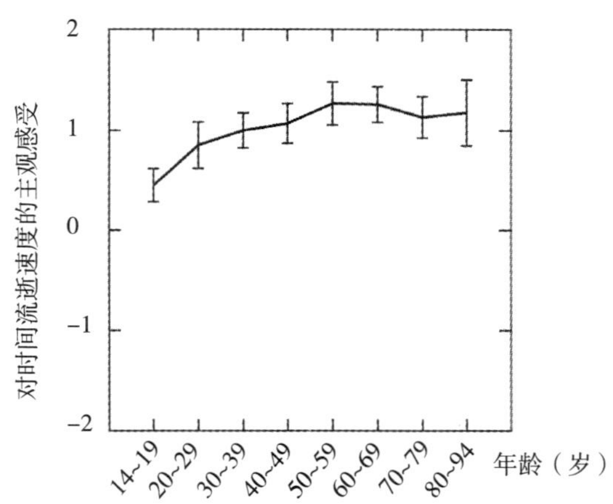

图 7：为研究人们对时间流逝速度的主观感受而设计的问题“您觉得近 10 年来时间过得快吗”的调查结果。年龄在 14~94 岁之间的被试者需要在如图几个等级中选出自己的时间主观感受（−2 表示“非常慢”，−1 表示“慢”，0 表示“不快也不慢”，1 表示“快”，2 表示“很快”）。可以看出，在 50~59 岁这个年龄区间，时间消逝的速度在增加，之后渐趋稳定。

总而言之，**这些研究都表明，对成年人来说，时间过得越来越快，并且年龄和对时间的感受之间确实存在联系**。但是，如此大的调查样本得出的结论也表明：和年轻人相比，并不是所有年龄较大的人都感觉时间过得越来越快。

大量认知心理学的研究表明，一个时间段内人脑记住的事情和经历的变化的数量是一定的。某个时间段内发生的事情或者语境变化越多，人对这段时间的主观感受就会越长。[2] 语境的变化与环境和人类的思维感知世界有关。**很多在某段时间内被感知到的变化，会使得人们对这段时间的主观感觉变长，但如果是无所事事地度过一段同样长度的时间，人就会觉得时间过得很慢。**如果我们回头看，似乎那些充满回忆的时光才显得格外悠长，比如我们在度假的那一周见识了不少东西，那么我们就感觉这一周的时间比平时往返于家和办公室这种两点一线的日子要长得多。

托马斯·曼正是根据这个理论在他的小说《魔山》中“关于时间感受的一些题外话”这一章详细介绍了人对时间的感受是如何根据个人阅历变化的。《魔山》也讲了对时间流逝的感受。托马斯·曼举了疗养度假的例子，因为度假的时候人可以非常清楚地感知到：假期的第一天，在崭新的度假地，那些丰富多彩的经历使时间变长了。在这个地方待一段儿之后，由于逐渐对这些东西开始适应，我们又觉得日子变短了。在度假快结束的时候，简直是时光飞逝，人们就又觉得，假期的美好时光真是一去不复返。

那些新奇的体验延长了时间，但是如果这些新奇有一天也变成了日复一日的例行公事，时间过得就快了。《魔山》中我们刚刚说过的那段情节恰好是按照人类在较长的时间内感知和记忆的现象规律发展的。刚开始，作者详细描写了主人公汉斯·卡斯托尔普疗养的第一天。疗养的第一天，汉斯对一切都是好奇的，所以一切都值得作者娓娓道来，比如作者甚至用一页来描述汉斯一个小时的生活。后来，同样的页数，作者可以介绍几个星期甚至几个月发生的事情。再往后，作者用同样的页数描写了更长的时间段。

和托马斯·曼的切身经历得出的结论一样，以色列的研究人员也从实践中证实了这一点。研究人员在 41 名海边度假的游客假期将要结束时对他们进行了采访。采访表明，随着日子一天天度过，人们感觉时间过得越来越快：刚开始的几天时间还过得挺慢的，但接下来人们就感觉每天的时间越来越短。[3] 除此之外，研究人员还表示，对那些平时就从事着按部就班的工作的人来说，他们感觉时间过得更快。

要想全面理解对时间流逝的主观感觉，就必须要提到“时间悖论”这一概念。[4] **对同样的时间长度的感知，依赖于什么时候去感知时间长短，在不同的时间去评估时间长短，得到的结果也会不同。**比如我们估计未来做某件事的长短时，可能在这个事情发生的时候我们还在估计，这种评估是把注意力都集中在时间的流逝上，但是当我们估计过去做某件事情所花时间多少时，我们肯定是在这件事情结束了之后才去估计的，也就是说，这是对时间的回顾。完全不同的认知过程参与了这两种不同的评估。比如说我们在候诊室等了医生半个小时，当我们时刻关注着时间的时候，会觉得这段时间简直太漫长了，但是之后，我们再回过头看，甚至想不起来我们到底等了医生多久。因为在那段等待的时间中并没有发生什么有意思的事情，所以我们回顾的时候，那段时间就缩短成一小段甚至都可以被忽略的时段。相反，如果我们花了半个小时和一个很有意思的人聊天，在聊天的过程中我们甚至感觉不到时间在流逝，我们会觉得时间过得太快了。但是回头看呢？我们会回忆起来在那段时间里发生的很多有意思的事情，所以我们就觉得聊天的那段时间其实很长。

“时间悖论”这个理论可以在较短的时间段内发挥作用，比如说半小时后，我们把刚刚经历过的时间和同等长度的时间相比较。但是如果说要对几年甚至是几十年这样长度的时间和生命长短进行感知，那就只有回忆可以发挥作用了。

经历越多的人，活得越长

我们问了一些年长的人，他们有时候非常不喜欢时间过得太慢。[5]这个发现似乎和我们目前普遍接受的事实相悖，即年龄越大，觉得时间过得越快。其实，我们联想这些被问的人的日常生活就可以理解这一点了，因为这些人平时的生活中就充满了不愉快，所以他们回忆起来就觉得那段时间真是度日如年。另外，对养老院的老人们进行的研究也解释了，单调乏味的生活为何会使人觉得时间过得很慢。[6]“无聊”说的就是人们对时间过得太慢的感受。但是这些接受调查访问的人也表示，在过去的那些年里，确实是年龄越大，觉得时间过得越快。所以我们必须注意，我们所说的是哪种时间体验。如果是关于过去的某个时间段，那就遵循“时间过得越来越快”这条规律。

受年龄的影响，我们总觉得“过去”过得很快。理解这一点的关键在于人们对“年龄”的理解。[7]从心理学上看，童年、青少年，还有刚刚成年的时候，这些都是人生阶段。在这些阶段，我们不断地把成长过程中经历过的事情整合排列，比如我们弟弟妹妹的生日、我们第一天上学的日子、第一次一个人过节，还有关于初吻的回忆。3 年的孩童时光是充满了无数的学习经历的，所以，一个 12 岁的孩子仍然被看作孩子，但是一个 15 岁的孩子就差不多已经是大人了。同样，在我们刚刚成年的那段时间，按照惯例，我们会经历毕业，开始离开父母的庇护学习独立，也可能会去学一门手艺或者上大学继续深造，最后找到人生第一份工作；同时，我们可能还会遇到那个可以共度一生的人。然而与这些相反，等我们成年后，我们经历的新事物就变少了，比如我们周围或者工作中那些无关痛痒的事情。成年后的 3 年往往就意味着 3 年日复一日的机械生活：起床、上班、回家看电视、睡觉，然后第二天再起床。**每天这种同样的程序在我们的大脑里根本什么都留不下，最后的后果就是我们能记住的东西越来越少，因此形成了对时间的主观感受：时间变短了。**这就可以用我们之前介绍的那项关于时间主观感受加快的研究来解释，即随着我们年龄的增长，我们在生活方面越来越得心应手，每天都在重复程序化的事情，那么我们体验新事物的经历就越来越少，导致的结果就是我们开始想，到底是什么使我们觉得时间变短了。

正如我们之前所说，年龄和对时间流逝速度的主观感受之间存在一定的关系。这个发现不仅仅涉及无可辩驳的心理学“法则”。正如许多研究都已证实的那样，对时间的感觉是取决于体验过的和脑海中记住的那些丰富多彩的体验数量的。因此，我们生活中所体验的东西有可能对我们感知时间流逝产生影响。一段时间内的记忆内容意味着一段我们觉得比较长的时间，那么这个时候，我们的情绪就开始发挥作用了，许多很重要的大事一旦和感觉联系了起来，就会被频繁并且详细地回忆起来。人们完全可以说，那些重要的事情之所以可以被记住，就是因为我们在这些事情中寄托了一定的感情。[8] 或者反过来说，我们可以回想起来的自己的某段往事，也是取决于与之相联系的感情。我们的生命中的珍贵体验越多，我们的生命越丰富多彩，我们的生命就延伸得越广阔。

这个理论其实可以指导我们的行为，进而让我们有更多的体验。如果想让自己的生命时光过得慢一些，人们可以不断地对自己进行新的定位，不断地去体验新事物，而这些新的体验，由于被赋予了我们的感情，就会被长期地储存在我们的脑海中。回首过去，如果那段时间很丰富多彩的话，我们就觉得时间变长了，生活慢下来了，同时人们必须不断地去要求自己做到上面这些。随着时间的消逝，人们得到的是“活过”的感觉，特别是“长久地活过”的感觉。但是，我们也不能太早下定论，因为即使是那些很积极向上的人，有时候也不可避免地需要去适应日复一日的单调，比如完成了20 个国家的旅行，或者将创新的经营理念付诸实践。这些经历恰好说明，我们经历过的很多事情，实际上渐渐地不再具有期待性，我们对这些事情也不再好奇。我们的很多个“第一次”确实是充满了情感上的意义的，尤其是我们年轻时候的“第一次”，在脑海中都留下了特别的记忆。

另外，我们还要思考这些经历的价值在哪里。数十年的工作经历才可以让人成为专家，这就是很宝贵的经历了。如果一个人生活中经历了很大的变化，比如换工作之类的，那这些专业领域的知识就可能不再是必需的了。所以，**我们对寿命长短的主观感受也许更**

多地和人生经历的变化有关，人们可以把后天获得的知识和能力应用到不同的地方，而不仅仅是自己熟悉的领域。

西格蒙德·弗洛伊德强调了人类心理健康的两个主要方面：工作能力和爱的能力。从这两个方面来看“变化”这个问题就很棘手了。同时，我们还要考虑到，从一段密切而漫长的关系中获得的深厚情感，在日积月累的生活经历和与这些生活经历有关的对寿命长度的主观感受这两个方面，这份感情有可能是占优势的。比如说，我们不断地在定义自己的择偶标准，但其实很快，这个择偶标准就又变了。正如情圣唐璜一样，他对时间过得越来越快这件事就束手无策。

时间快到了

我们感觉时间过得越来越快。要想解释这一现象，除了可以用我们上文谈到的过去的视角外，也可以从未来的角度来考虑。

一些研究表明，60~85 岁的老年女性对死亡的恐惧感较高，毕竟死亡会让人对未来的时间有一种更强烈的感知。[9] 试想一下，如果早已知晓天命，那么我们的未来视角就缩短了，从而有可能我们主观上觉得时间变快了。事实上，一些重要的事情，比如疾病或者失业等，会突然缩短各个年龄阶段的人的未来视角。[10] 比如说，一个人不久前还在为自己的职业培训或者盖房子做未来多年的计划，可能就因为这样的突发事件一下子缩短了自己的未来视角，那么这个计划可能就变成几周或者几个月这样的计划了。未来视角的缩短并不一定是由于疾病或者预感到死亡产生的，背井离乡或者离开熟悉的环境都会导致这样的情况出现。如果人的未来视角缩短了，他也会改变自己的社交喜好，比如他会和与自己比较亲近的人走得更近，因为这个时候，朋友和家人比一切都重要。

除此之外，还有一种观点：年长的人对未来的规划较少，反而对和过去相关的东西的回忆比较多。这种观点有时候也是站不住脚的。确实有一些发现可以支撑这个观点，比如说对年长的人来说，他们对自己的未来感到空虚，怅然若失，这就使他们更容易沉湎于过去。虽然如此，但仍然有大量证据说明，只是属于未来的范畴减少了。[11] 所以，一个人对未来的规划并没有减少太多，他只是不断地缩短未来那段时间的时间间隔，并且对这些时间间隔也做好了计划。年轻人和中年人总是喜欢做长期计划，但计划往往赶不上变化。同样，对高龄老人的人生规划的诸多研究也表明，很多老人其实都对最终的目标有所预期。未来视角往往是和个人的幸福感紧密联系的，即使是老年人被缩短的未来视角也是如此。还有一种观点认为，步入老年之后，人的时间视角会经历一场颠覆性的变化，这种观点如今也被否决了。一般来说，人们总认为老年人需要不断地去适应日新月异的生活环境。事实上，人在中年时就已经知天命了。在波恩曾经进行过一项关于老年病学的大型纵向研究，研究人员在 10 年后对同一批被试者再次进行访谈，结果表明，似乎对年长的人来说，死亡对他们的意义不大。[12] 实际上，关于生命和伴随生命出现的问题在我们生活中是有着举足轻重地位的，年长的人平时考虑“死亡”这个话题的次数并不一定就比年轻人多。试想象一下，不管哪个年龄段的人，如果患了绝症，都要不断地去经历万念俱灰的时刻，也必然都能感觉到死神的步步逼近。[13]

对于年龄较大但是身体健康的人来说，“死亡”这个话题至少在认知层面上就没有那么重要了，所以关于“死亡”的想法并不会给他们带来压力，他们不会为自己的大限将至而忧愁，也不会担心为什么自己感觉时间过得越来越快。而且这个想法不能解释的是：为什么我们恰好在中年阶段感觉时间过得越来越快，而不是在再靠后的那个年龄阶段——正如前面我们提到的两项研究所证实的那样。在 35~50 岁之间，人会经历“中年危机”，怅然若失，倍感空虚，[14] 但这个还是不足以解释人们主观上感觉时间逐渐变快的原因。最终，“时间过得越来越快”这种感觉就会提前出现在青年阶段和 20~30 岁这段时间。

所有这些研究的结论是什么呢？第一，至少那些西方工业国家的人的经历可以说明：**随着年龄的增长，我们确实是感觉时间过得越来越快。**[15] 第二，这些研究证实，**丰富多彩的人生经历和伴随而来的关于过去的大量回忆对我们主观上对时间的感受起着决定性的作用。**第三，**我们感觉时间变快了很可能与我们的回忆有关，也就是说，日复一日的例行公事般的生活使我们对生活的期待值越来越低，我们对生活的回忆也越来越少**，所以，我们主观上就觉得时间似乎是变慢了，但是目前还没有可靠的论据支持这一假设。[16]

面对死亡：你属于哪一类？

正如前面说过的在波恩进行的那项老年病学的大型纵向研究的结果那样，死亡对年长的人来说并不重要。另外，人们在平时的聊天中也经常提起“死亡”这个话题，大大方方毫不避讳地表达自己对它的看法，所以似乎“死亡”也不是什么禁忌了。在一项关于“对死亡的想象”的社会调查中，调查者采访了150个人，调查结果最终分为三类17：处于“专家”这个等级的人对死亡有一个明确定义，比如是带有宗教或者无神论色彩的。不管是哪种情况，他们都觉得没有必要把死亡看得太重，因为对前者来说，死后可以见上帝；而后者认为从生物学角度来看，死后就什么都没有了。所以有宗教信仰的人和无神论者在这一点上达成了共识，但最多也就到此为止了。

可是对于“向死而生者”来说，“死亡”并不在他们的字典里，他们努力生活，更关心的是自己和下一代的安康和幸福，避免去谈及“死亡”这个话题。如果这项调查的结果只分为这两类的话，那“死亡”这个话题估计就不会这么有争议性了，空谈理论的人也会觉得自己的看法被证实了。可是别忘了，还有第三类人，那就是“研究者”，他们对“死亡”总有太多的疑问，不断地为寻找答案而挑战死亡。可以想象，这项关于死亡的意义的社会调查其实表明了人与人是不同的：确实是有“向死而生者”的，但同样也有对个人死亡话题避而不谈的人。

人们为什么把死亡看作禁忌呢？心理学家奥托·兰克（1884—1939）在他的《心理学与灵魂》中提出了人类和其死亡之间的关系，[18]他认为“长生不老”这个想法是由于受到了我们潜在恐惧的影响而产生的。一神论宣称，人死后会经历生死轮回，这就是受这个理论驱动而产生的。[19]虽然这不是新理论，但是奥托·兰克对其进行了进一步的研究。他认为，有一种潜意识的力量将人类与死亡隔离开。社会已经塑造了人类现在的机制和文化外在形式，让我们脱离了原始兽性和随之而来的死亡。说实话，人类其实就像邻居家的狗一样，脑子里想的就是吃和性，所以才有了社会禁忌和个人需求的私有化。我们身上可以反映出我们的天性，自然也可以反映出死亡，这些东西都会经过文化的塑造，比如有些是被宗教或者身体的衰老所影响，有些是被灵魂的升华所改造。不管我们处于看待死亡的哪一个等级，文化都用一种看不见的力量来帮助我们克服对死亡的恐惧。

长寿的秘诀

“死亡”的话题一直是热门，当然前提是不谈论自己的死，所以侦探文学才能那么受欢迎，电视剧《犯罪现场调查》才能风靡十几年。想象一下，我们惬意地躺在舒服的沙发和床上，享受着这些侦探小说带来的毛骨悚然和战栗，因为我们觉得自己远离小说里那种命垂一线的危机感，我们是安全的。这正如在风雪交加的冬夜，我们坐在暖和的房间里，靠着烧得噼啪作响的壁炉的感觉。阅读这些关于谋杀的侦探小说，我们可以与死亡来一个毫无危险的近距离接触。在小说中，谋杀案几乎都可以被破，不管是关于凶杀过程还是杀人犯，最后都可以有一个完美的解释。办案人员就是普通人，比如弱不禁风或者总是晕头转向的警长也不再是那么高不可攀，这些人物设定都是可以引起读者的共鸣的。可以说，侦探文学的魅力就在于不断去寻找和揭露死亡的秘密，现实生活中那些未解之谜在小说中都可以找到答案。

如果你觉得这个解释有点牵强的话，那我们就来看看芬兰哲学家和认知科学家安蒂·瑞文苏关于梦的理论。[20]在他看来，我们在梦中演习现实生活中受到威胁时的反应，比如说误火车和飞机，或者忘记给一个很重要的演讲录像，甚至是摔倒或者是遇到意外事故。所以，梦境就是让人们在一个比较安全的状态下去模拟现实生活中的情景，帮助人们在情感上去适应生活中相似的情景。正如这种关于梦的理论，侦探小说的促进作用也是各种各样的，其中之一或许就是让人们对死亡进行一次毫无危险的演习，并且完美解释了死亡的奥秘。

如果没有被侦探文学的外衣美化，“死亡”绝对不是人们喜爱的话题——当然，除某些哲学家和我们之前说的那些被社会学家定义为“死亡研究者”的那些人。奥托·兰克也可能会认为，这个别的“异党分子”只是在努力克服对死亡的恐惧。一方面，他们可以通过哲学著作去感知长生不老；另一方面，他们可能也会把自己拔高塑造成英雄，因为他们敢于去谈论“死亡”这个话题。其实，只有谈论到“死亡”而不是关于什么论文或者去哪里喝咖啡这样无关痛痒的话题的时候，我们才能真正看出来一个人到底有多勇敢。大多数人在生活中是不是都在尽力克服对死亡的恐惧？这个问题可不太好回答。让我们直接套用精神分析领域一句通用的评价吧：如果我们不认同克服对死亡的恐惧的理论，就是对这个理论存在的最好的证明了。

哲学家恩斯特·图根德哈特在他的文章《关于死亡》中表达了相反的观点。[21] 在他看来，克服对死亡的恐惧这一行为并不存在某种可以独自发挥作用的力量（或者说某种无意识过程），恰恰相反，存在着一种对人生有指导意义的积极力量，这种力量让我们每个人都处于自己的小世界的中心。其实，人只有具有自我保护的意愿才能生存，所以我们把目标定位为“生存”。正是因为我们作为生物体希望可以活下去，所以“死亡”才不是很受欢迎的话题。我们可以每天把注意力集中在日常琐事上，忽略死亡，并不一定要通过积极的力量才能去克服对死亡的恐惧。

图 8：根特尔（1725—1775）的作品《皇冠》，目前保存在巴伐利亚国立博物馆。这座雕像集“时间”与“死亡”于一体，展现了时间的流逝是如何让人注意到生命的终结这一过程。

活在当下！
这才是长寿的秘诀

人生苦短，终有一死，但更重要的是，我们在有限的生命里面能做些什么呢？古罗马政治家、哲学家塞内加在他的《生命之短》

中如是说道：

不，我们拥有的时间并不短，但我们浪费的却不少。我们被给予的时间已经足够多了，如果我们从一开始就好好利用时间，那么我们必将成就大业。[22]

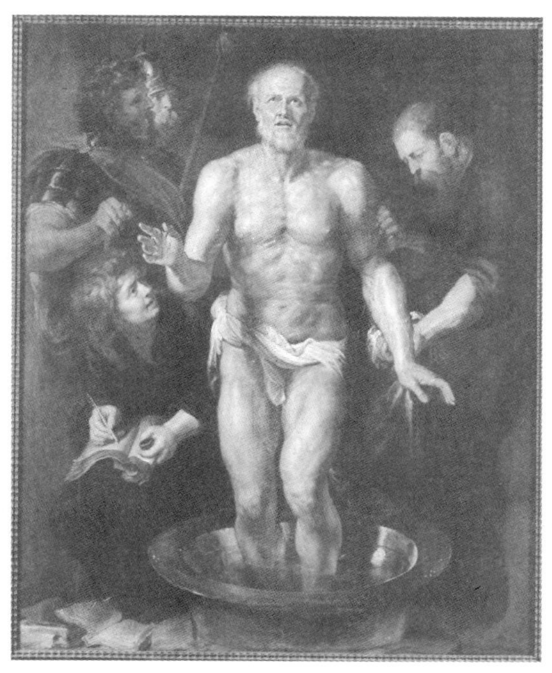

图9：塞内加的死亡场景，彼得·保罗·鲁本斯（1577—1640）所作，仿品（现存慕尼黑老绘画陈列馆），详见本章注释23。

公元 1 世纪，塞内加出生于西班牙的科尔多瓦，后来到了罗马，在当时是一位备受尊敬的学者，[23] 但是他的思想很现代，比如上面这句忠告就完全适用于我们现在的情况。斯多亚学派讽刺塞内加的思想，认为人往往给自己太大压力，从事着那些看似重要的工作，但实际上从不满足。人们指望着退休后“解脱”，到那个时候人们才开始真正在意生活本身。

总听到这样的话：“我 50 岁退休，等我 60 岁的时候，工作上的事情我就都不管了。”试问，谁来保障人生呢？又是谁应该把你决定要做的事情付诸实践呢？

说做就做，别犹豫！把那些美好的计划都推迟到 50 岁或者 60 岁再去实现多傻啊。一定要记住，及时行乐，努力地生活到生命的最后一刻。

这段话表明了斯多亚学派的观点。正如我们之前提到的研究表明的那样，个体的死亡其实往往是被隐藏的。研究证实了塞内加驳斥生命终结的论点——包括老年阶段。而且，塞内加的观点似乎也说明，生命很短，或者说正是因为我们总在没有意义的事情上浪费生命，所以时间过得越来越快。那些没有意义的事情并不一定是窝在沙发上虚度周末。塞内加不是贬低无条件的工作态度，他只是从反方面告诉我们，我们所做的很多事情，比如从事的职业，会吞噬掉我们，妨碍我们去做本可以让生活和内心都更加丰富充实的事情。每个人现在都不妨好好反思一下我们日常都做了什么，到底是什么妨碍了我们做自己真正想做的事情。换句话说，**只有我们真正知道如何利用生命，生命的长度才是有意义的**。从心理学的角度来看，**如果你的生活充实多彩，你就能长寿**。

注 释

1. 马克 · 维特曼和 Lehnhoff S. 年龄对感知时间的影响 . 心理学报告 , 2005, 97: 921–935；Friedman WJ，SMJ. 衰老与时间速度 . 心理学报 , 2010, 134: 130–141.

2. Zakay D,Block RA . 时间认知 . 心理科学现代发展趋势 , 1997, 6: 12–16；Bailey N & Areni CS. 感知时间的准时钟：背景音乐 . 知觉与运动技能 , 2006, 102: 435–444.

3. Avni–Babad D,Ritov I. 日常与感知时间 . 实验心理学杂志 ,

2003, 132: 543–550.

4. 恩斯特 · 波佩尔 . 意识的限度 . 法兰克福，莱比锡：岛屿简装书出版社 , 1997.

5. 施陶丁格 ·U， Freund A,Linden M,Maas I . 自我、个性与衰老 . 心理抗压力与脆弱度 // Mayer KU， Baltes P. 柏林老龄化研究 . 柏林：学院出版社 , 1999: 321–350.

6. Locsin RC. 被试者的时间体验 . 临床护理研究 , 1993, 2: 451–463.

7. Draaisma D. 年龄越大，时间越快 . 记忆如何塑造过去 . 剑桥：剑桥大学出版社 , 2001.

8. Ochsner KN, Schacter DL . 研究情感与记忆的社会认知神经学 . 情感神经学 // Borod JC. 情感神经学 . 情感科学系列 . 纽约：哈佛大学出版社 , 2000: 163–193.

9. Quinn PK,Reznikoff M. 老年人死亡焦虑与对峙时间的主观感受之间的关系 . 老龄化与人类发展国际期刊 , 1985, 21: 197–210.

10. Carstensen LL. 时间感知对人类发展的影响 . 科学 , 2006, 312: 1913–1915.

11. Tismer KG. 青年和中年时期时间视角的个体差异 // Scherzer R，Kruse A，Olbrich E. 老龄化——一个终生社会互动过程 . 达姆施塔特：Steinkopff 出版社 , 1990: 233–242.

12. Thomae H. 年长者时间视角的变化 . 老年医学 , 1998, 22: 58–66。关于年龄对时间视角的改变这一话题，Hartmut Kasten 还有一篇很值得读的文章《时间是如何消逝的》，参见：Hartmut Kasten. 生活中的时间意识 . 达姆施塔特：普里默斯出版社 , 2001.

13. Vollmer TC，马克 · 维特曼，Schweiger C,Hiddemann W. 忧虑死亡是血液系统恶性肿瘤患者患精神类疾病的先兆 . 欧洲癌症护理杂志 , 2011, 20: 403–411.

14. Oles PK. 中年危机心理模式 . 心理学报告 , 1999, 84: 1059–1069.

15. 还有一个要考虑的可能因素：生命本身就在加速。科技、社会和政治变化巨大，人的一生中，重大事件、政治变革还有技术革新的发生速度一直在提高。由此看来，时间自身就在变快，因为以前文化发展需要 20 年，如今 2 年就可以了。这还只是冰山一角。无论科技如何发展，例如固定电话逐渐被可以看电视的手机替代，我们都感觉时间变慢与其无关。我们眼中的世界包括很多其他发展心理学的内容，正如我们本章提到的这些。

16. 关于这个话题的不同论点可以参考伊莎贝尔・温克勒和Peter Sedlmeier的文章。《又十年了吗》，《感知寿命能力的变化》，2/2011，参见：http://de.in-mind.org/。

17. 在阿明・纳瑟黑和乔治・韦伯领导的德国科学基金会研究项目“现代社会的终结结构”（1999—2001）中，研究人员采访了150名被试者，这些被试者的有些工作和死亡有关，有些毫不相关。根据采访结果，将这些被试者分为三类，详见：Saake I. 现代死亡语义学 // Saake I，Vogel W. 现代医学神话 . 威斯巴登：VS社科出版社 , 2008.

18. 奥托・兰克最初是维也纳精神分析协会的秘书，该协会深受西格蒙德・弗洛伊德影响。和许多其他的精神分析学开路者（卡尔・古斯塔夫・荣格、阿尔弗雷德・阿德勒）一样，奥托・兰克发表了自己的理论，后来也与西格蒙德・弗洛伊德决裂了。奥托・兰克 . 灵魂与心理学 . 莱比锡，维也纳：Franz Deuticke出版社，1930. 20世纪70年代，厄内斯特・贝克尔在《死亡否认》这本书中对奥托・兰克的理论进行了通俗化的解释。在他去世两年后，他凭借这本书获得普利策奖。德语版本：厄内斯特・贝克尔 . 死亡的动力 . 克服死亡的恐惧 . 戈德曼出版社，1987. 在贝克尔看来，一个社会最伟大的英雄，是英勇战死的那些英雄，因为他们为了人类的共同利益而奋斗，战胜了对死亡的恐惧。

19. 人类行为，尤其是宗教行为，变化非常大，例如去教堂的人数急剧减少。如果不相信死后还有生命的存在的话，那么基督教就是唯一的精神寄托了。有些理论家觉得参加文化活动次数增加是一种替代行为，因为你如果确实不信仰上帝，就会去寻找其他（文化类的）形式的优秀活动。这里的优秀活动指的是类似艺术和音乐这种永恒的珍宝。在鲍里斯・格罗伊斯看来，优秀活动可以是尝试建造博物馆和档案馆，可以是关于死亡的超越。鲍里斯・格罗伊斯，Rack J. 对尸体的担忧 . 国际文学 , 2000, 50: 117–119.

20. 安蒂・瑞文苏 . 内在的存在：作为生理现象的意识 . 剑桥，麻省：麻省理工学院出版社 , 2006.

21. 恩斯特・图根德哈特 . 关于死亡 . 美茵河畔法兰克福：苏尔坎普出版社 , 2006.

22. 塞内加 . 生命之短 . 慕尼黑：C.H.Beck 出版社 , 2005.

23. 塞内加作为尼禄国王的导师及顾问，因涉嫌谋杀尼禄，被迫自杀。纵观其一生，塞内加倍受呼吸疾病折磨，但却淡然隐忍，直至去世。

第六章

时间赢亏：本我与时间

身心问题的一个新疗法是这样说的：自我意识，也就是一个人对自己的感知，是建立在对身体状况的持续感知基础上的，这种感知与大脑中岛皮层内的神经活动相联系。本我和时间都是在无聊中凸显出来的，它们是越来越快的日常生活产物，又在日复一日的忙忙碌碌中消失。通过集中注意力或者控制情绪，我们可以降低这种感知到的生活节奏，从而为自己和其他人赢得时间。

与感知最相关的就是那些真正感知到东西的人，我就是其中之一。其实每个人都可以做到“感知”。比如说我，如果我自己观察自己，那我对“本我”的感知就自然而然产生了。我感知到自己，并且深入自省。但是，如果我是自我观察的客体，那么观察和思考的主体又是谁呢？如果我观察自己，那我就是被观察的客体。在这类哲学问题中，主体的无形作为主体而不是客体存在。这类问题并不难回答，答案就是：只要我观察自己，我就成为了观察的客体。[1]

在对主体进行研究时，即使研究人员刚开始侥幸避开了可能会出现的干扰，可以暂时专注于感觉和感觉的对象（客体），但是之后肯定还要不断地和“本我”打交道。同理，对于世界万物都是这样。当前对某样东西的感知，不管是看到的还是听到的，或者是人类的感觉，比如喜悦或者痛苦，都不可避免地要和拥有这些东西的

人有关。耶拿的哲学家琅勃特·维兴是这样说的：[2]

因为我有感知力，所以我认为真实世界里肯定也有这种感知力存在。

对某些人来说，有些东西只是当前存在的。

被感知物和感知力不可分割。

正如专注于现象学研究的哲学家所强调的那样，他自己的意识并不是一个附加的或者特别的精神状态，而是一种内在特性，[3]即我的感知包含我自己。但是这个感知主体并不是观察的客体，也不是可量化的某件东西，更不是专业人员可以描述的某种现象。苏格兰哲学家戴维·休谟（1711—1776）就论述过这个问题。他表示，他可以感觉到自己所有的感知，但是不管他怎么努力，他都找不到“本我”。丹麦哲学家丹·扎哈维提议，为了避免在给主体设置客体的过程中出现问题，我们讨论的不是经验的“主体”，而是经验的“主观性”。[4]在说经验的“主观性”这一概念时，我们不能孤立地看“客体的我”，因为“我”也是经验的一部分。琅勃特·维兴认为，“我”尽管存在于感知中，但是“并不是作为实质的我出现的，而是作为某个情况下的一个点出现”的（出处同上，123），有些东西已经变了。并且，这种情况和深受埃德蒙·胡塞尔影响的意识的“意向性”有关，这种意识的“意向性”还和事实有关。如果某个主体有针对的对象，那么它本身并不是感知的对象。我们可以把“主观性”作为有目的的感知行为的一部分来看。

但到底什么才是“本我”呢？我感觉“我”是一个理智的、感性的人，或是个实干家，所以“本我”是存在的。这种我能意识到的“自我感觉”是一种基础感觉，它来自于我现在的存在感，也来自于我的过去。它认为，我们应该讨论的是“主观性”而不是主体。美因茨州哲学家托马斯·梅岑格也同意这种观点，他认为“本我”并不是某件东西，而是一个过程。[5]在他看来，自我的主观经历来源于大脑复杂的激活模式。也就是说，“本我”并不是某个具体的存在，而是在不断地被塑造。据此，大脑被“本我”塑造成一个模型，[6]这样人就认识到了个人意识，还有源于它的自我意识，在现象学层面上都被打上了空间和时间的烙印。意识是与物质和世俗联系起来的，比如说，我感觉到自己的肉身存在，随着时间的流逝我仍然可以感觉到。大脑研究领域的术语中，“现在”是各种脑内进程在时间上的参照系，这些脑内进程也会被同步。[7]同时，为了实现意识上的统一，这些呈现动态的和空间分布的脑内进程还会互相联系起来，成为一个时间上的连续体。所以，我现在感觉得到我的肉身，但不管时间怎么变，我始终感觉得到。

对感知物来说，感知是……和必要的确定性相联系的，它本身也是时间中的空间，空间中的时间。（维兴，出处同上，162）

在对意识的研究中，我们不可避免地要将“自我”“时间”“躯体”这几个概念放在一起讨论。“出现”从时间上看，是生理和思想上的“自我”的持续意识。拥有自我意识，意味着认识到自己是在时间上的连续体和真实的存在。

情感综合时刻

细细想来，拥有自我意识是一件很神奇的事情，能意识到自己的人，是可以感知到大自然的。“大自然让我们睁开眼，我们发现大自然就在那里”，[8]这种观点听起来可能有点吓人。以我自己的经验来看，我确实承认大自然是存在的，世界可以自己认识到自己，这是哲学的基础。当然，自然科学家也必须知道，大自然中的自我认知是如何实现的。既然我们都是大自然中的生物，那么神经生物学就可以研究大自然内的自然界限，研究意识是如何自己产生的。在意识产生的时候，大脑是如何参与其中的呢？如果从神经科学的角度回答这个问题，那答案就不得不强调现象学的分析。这个过程包括神经元进程，它以实体感知和时间感知为基础。“存在”是基础层面上的持续的机体意识，但是意识本身也是作为精神实体与经历过的时间联系起来的。我感觉自己就是时间上的连续体。如果把自我意识当作一个过程，那么它就是时间上和机体上“存在”的产生和持续。可能有人要问：“大脑中的哪部分，通过怎样的过程让机体产生感知和持续不断的体验？”

毫无意外，对这个问题可从来没有一个统一的看法或者理论。有些人认为，一般来说意识的神经元基础早已产生了，这也意味着，人类的身心问题，或者用现在的话叫“机体与意识问题”，已经解决了。虽然这里我们提到这个概念，但它仍然无法给出上面那个问题的标准答案。许多哲学家和神经学科学家都多次表示，他们刚开始甚至都不理解这个问题。

当然，人们很了解重要的边界条件，这样意识的产生才有可能。比如说，大脑中负责激活的那部分中，至少应该有一小块是占支配地位的，这样一来，网状的激活组织，也就是我们说的网状结构，就会越过大脑皮层的脑干和丘脑来保持脑皮层的紧张感，人们才会意识清醒，才会有在时间和空间上的方向感。[9] 例如人受重伤以致昏迷，其实是这种网状结构被损坏而导致的。虽然网状结构并不是意识产生的充分条件，但它绝对是一个必要条件。

将大脑的某个进程和意识过程联系起来，这是一种著名的新方法，这个方法来自于神经学家安东尼奥·达马西奥，[10] 他对负责加工人体内信号的脑内区域和这一加工过程非常感兴趣。内在感知力，也就是身体和身体机能的感知力，可以从根本上为感知力自身提供一个可靠参考，Antonio Damasio 称其为“核心意识”。他还将其与“情绪依赖于生理状态”这一点结合起来，所以通俗来讲，人的感觉也是和生理状态紧密联系的，比如说，陷入热恋时那种小鹿乱撞的战栗感，还有恶心时整个胃都绞在一起的感觉，害怕时那种闻风丧胆的感觉，等等。从根本上说，我们的感觉在我们处于放松和紧张状态之间出现，与生理状态给我们的反馈紧密联系。为了可以表达复杂的积极或消极的情绪，我们的思想和动机总是在一个较高的层次与基本的生理信号相联系。就像安东尼奥·达马西奥说的，感觉确实是在不断地去适应环境和内在的生理状态，最终去适应人类的意识最显著的标志。许多病人意识模糊，他们神情麻木，面无表情，这些在安东尼奥·达马西奥看来，加工生理信号的上层脑干的大脑区域，还有脑岛皮层，都以核心意识为基础。

哺乳动物的脑岛皮层，就是脑干皮层，简单点说就是一个脑岛（拉丁语是“Insula”）是大脑皮层（皮质）的一部分。脑岛皮层是首要的皮层区域，主要负责生理感知。按照“外界接收”这一概念，即对外界事物的感知，查尔斯·斯科特·谢灵顿（1906）和后来的巴德·克雷格还有其他研究者定义了“外界接收”的概念。这一概念与生理信号的感知有关，而这种感知又与脑岛皮层是一体的。生理感知意味着我们的肌肉或者内脏会产生感觉，例如感觉到温度、触碰、疼痛和瘙痒；同样，我们也会有饥饿或者口渴的感觉。再比如，剧烈运动后我们还感觉必须要大口大口地呼吸。丘脑被视为意识之门，因为如果嗅觉系统出现异常，丘脑核的所有信号会到达大脑。生理的信号不仅可以传达到这里，还可以传到后岛叶，身体最开始的生理反应也是这个部位产生的。[11] 虽然大脑皮层内生理信号进行了初级加工，但可被意识到的体验并未参与这一过程。亚利桑那州凤凰城巴罗神经学研究所的巴德·克雷格认为，可被意识到的体验只有通过对信号的进一步处理才能产生，这一步处理从后岛叶进行到前岛叶[12]（见图 10）。这一从后往前不断传递的处理过程，同生理信号与思想和情感过程的融合有关，这些都靠大脑内许多其他区域的神经元信号来供给，并且这些神经元信号还和脑岛紧密相连。通过这样的融合，生理的感知就一步步地与由外部感官产生的对外部环境的感知、思维过程、动机状态相联系。这一类信号的融合在前岛叶达到高峰，这个区域同时也把所有相关信息和状况汇聚组合成一个复杂的整体。

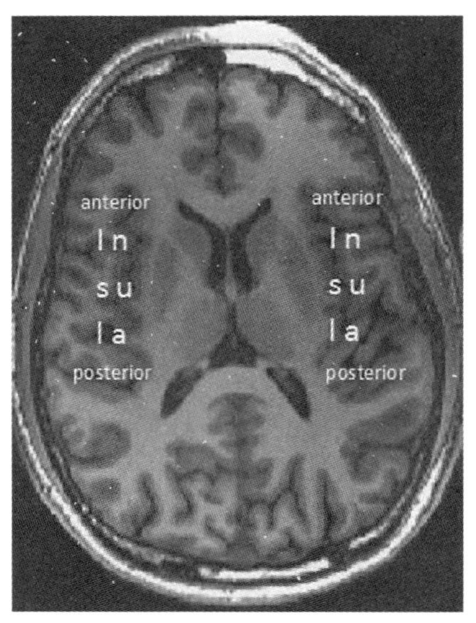

图 10：通过磁共振成像（MRI）得到的作家的大脑图。这张脑切片是从上部观察得到的。从图中可以看到，脑岛成对排列，呈褶皱状。神经细胞存在于深色区域，浅色区域是连接神经细胞的神经纤维。首先，信号在后岛叶出现，然后进入前岛叶进行下一步加工。

巴德·克雷格将这种某个时刻内所有感觉的融合命名为“情感综合时刻”，说的就是可被感知的“本我”，是生理和情感的存在。这种感觉是通过大脑过程来实现，在前岛叶汇聚，然后又分散。主观性产生于现象学层面，即我感知到，自己和环境都是可被感知到的主体。无论何时，我都是作为一个具有感知能力的人去参与过去和预感未来。我未来的行为可以反映出我过去的行为，这样自我意识就产生了。也只有通过这种时间上的联系，自我意识才能产生。[13]

因此，自我意识体验要通过与它同时产生的情感时刻才能产生，这种情感时刻随着时间的推移进行自我合成，和前岛叶的活动紧密相关。比如说，我看到的并不只是一个电脑屏幕（这只是视觉空间描述），事实是，我坐在桌前，还有一点儿饿，因为我想描述意识到底是如何产生的。我们前面说过，神经生理的进程在前岛叶达到高峰，这个理论表明，“本我”诞生了。不过也许早期的哲学表述得更好，主观性诞生了。

身心问题怎么解决？

大脑和意识之间的关系向来众说纷纭，目前有一种说法是，自我意识并不一定存在于前岛叶，在这个脑内区域并没有意识的存在，相反，是分布于全身的神经元信号经过层层加工才进入脑岛皮层。这些信号会依次和其他脑内区域的信号结合，逐渐进入前岛叶继续进行加工。如此复杂的过程，便产生了主观感觉，用巴德·克雷格的话说得专业些，就是产生了“情感综合时刻”。

我们感知的能力与前岛叶内一系列复杂进程相联系，与此类似，前岛叶附近的脑内结构的运作也会对感知到的事物做出反应。基础生理感觉的功能就是对生理状态进行稳态控制。如果体内环境稳定，有机体的自我调节就意味着制造一个动态平衡。举个例子，我感觉到口渴，所以我喝水；我感觉到饿，所以我吃东西；我感觉到热，所以我就去找阴凉地儿。脑岛可以将生理状态以感觉的形式表达出来，进而激发相应行为产生。前扣带回皮层（ACC）在这里扮演着重要的角色，即把生理状态的表现转换成行为。[14] 我们的注意力会转向问题状态，接着产生生理反应，这一过程就是自发神经系统反应，发生于生理学层面，身体器官也要随之去适应各种环境。在行为层面，这是一种复杂的动作序列，比如人先要反应，然后才能伸手去拿水瓶。前岛叶和前岛叶皮质之间在功能方面的紧密关系也同样表明，在使用功能磁共振成像术对情感的感知进行研究时，这些区域都被激活了。这也说明，这两块区域一起控制着有机体的自我调节过程。

就像加州大学圣地亚哥分校（UCSD）的马丁·保罗斯认为的那样，这种关系的有趣之处就在于，许多精神类疾病如药物成瘾或焦虑症其实是破坏了体内的平衡。[15] 药物成瘾患者对某些东西有着不正常的需求，因为他需要这些东西让自己的身体状态达到他想要的状态，而让他上瘾的那些东西恰好让他的状态发生巨大变化。这同样适用于我们正常人的生活，比如说有些人早上要靠浓咖啡让自己保持清醒，如果不让他喝咖啡，那对他来说简直是种折磨。有些人会说，如果没有咖啡他就不能专心工作了。可见，理想状态和实际状态差距相当大。

精神上的焦虑状态可以说是对现实生活中的不确定性产生的一种过度反应。某些场合下的回避行为，例如，有些人不想去上课，因为他害怕做报告，这说明，他设想的未来某个情景充满了恐惧（预期的实际状态），这和可感知的理想安全状态（现在正在经历的）差距过大。这个时候，岛叶皮质和生理感觉就有用武之地了。马丁·保罗斯和莫瑞·史坦的实验表明，前岛叶的活跃度对平衡现在的感觉和对未来情景的想象（例如做报告）非常有必要。[16]对于患有焦虑症的病人来说，他们想象出来的关于未来的可怕情景和眼前安静祥和的情景相去甚远，这种差异就导致其产生对抗焦虑的反应，如回避行为。

实际上，许多研究一再表明，焦虑症患者前岛叶活跃度明显高于其他被试者，因此，恐惧感与脑岛活跃度有关。这也是感知能力与脑内神经元活动的又一个联系，它负责生理和情感的感知功能。另外不可忽视的一点就是，如果脑岛皮层由于受到温度刺激被激活，那么它与感知能力之间就逐渐建立了联系，[17]主观估计出来的温度越高，功能磁共振成像术显示的右前岛叶活跃度就越强。所以很显然，物理温度与后岛叶活跃度有关，后岛叶活跃度代表机体对温度的物理变化的生理反应，也代表了我们对温度的主观（可感知到的）感受。

当然，我们这里只是粗略说了一下身心问题的解决方法，事实上，关于这个还有一个基本问题。即使意识和脑岛附近区域内可描述的神经元过程之间确实紧密联系，即使这一点将来会被人们奉为神经生物学法则，但它还是有不足之处，因为我们无法想象，人类对感知和情感的主观评价是如何从神经生理学现象中产生的。[18] 在哲学领域，这一点被称为“感受性问题”，它表明，即使我们完全了解大脑是如何运作的，我们也无法解释特定的意识内容（感受性）是如何产生的。虽然意识总是与大脑特定的某个过程相联系，但是许多神经生理学现象（如神经元系统、发射器、突触等）和我个人感觉很不一样。对许多哲学家来说，这个理论上的漏洞在原则上是不可忽视的。

这里不得不提到神经生物学近年来的新发现。神经解剖学将某些特定的脑细胞，即 VEN 神经元与意识联系起来。[19] VEN 神经元总是成群出现在前脑岛和前扣带回皮层区域，一方面，我们可以通过这些神经元的大小来鉴别它们，因为它们比周围的神经细胞（椎体细胞）大；另一方面，VEN 神经元是纺锤形的，从细胞体向外分出两级（树突）。近年来，已经可以确定，VEN 神经元只出现在具有自我意识的高级哺乳动物体内，它们有能力参与到复杂的社会活动中。类人猿被首先证实体内存在 VEN 神经元，并且随着与其亲缘关系的疏远，VEN 神经元的数量也会下降，例如黑猩猩和倭黑猩猩体内的 VEN 神经元数量就比大猩猩多，而大猩猩拥有的 VEN 神经元数量又比猩猩多。同样，在鲸、海豚还有大象体内也被证实存在 VEN 神经元。对于这些动物，通过“镜子测试”可以判断它们是否具有自我认知能力。测试是这样的：实验人员在动物身上标注一块斑点，并且这个斑点只有在镜子中才能被看到，例如在黑猩猩额头上画一个点，然后观察到动物会试图去除身上的斑点，因为这些动物都有自我概念，它们都可以意识到镜中的反射是自己。与此相反，其他种类的动物却被搞得晕头转向，它们对着镜子中的自己打招呼，甚至还张牙舞爪。总而言之，VEN 神经元是嵌在前脑岛和前扣带回皮层区域的，可能会对意识的产生起到决定性的作用。

百无聊赖——对“时间”和“本我”都是折磨

我时常想起香港，这座美丽的城市坐落在风景如画的山水中，目之所及都是无数的摩天大楼、美丽的海湾，还有郁郁葱葱的岛屿。我还记得香港有一个公园，里面有一个大概 5 米长、5 米宽、5 米高的笼子，铺着坑坑洼洼的橡胶地板，一只黑猩猩孤零零地坐在里面。很多细节我已经想不起来了，但我仍然记得，那个笼子里并没有什么可以供那只黑猩猩消遣的东西。我观察了它几分钟，发现它躺着的时间比坐着的时间多。它时不时地用指头百无聊赖地拨弄地板上的凸起，眼睛无神地打量着地板，我似乎可以听到它的叹气声。我很同情这只黑猩猩，因为我知道它真的很无聊。

人格化是指给予动物以人的特质，这是相当危险的。但是前面我们谈到的那些近年来的实验结果都证实，黑猩猩这种具有自我意识的动物可以感知到无聊，也可以感知到时间的流逝，这些都和人类的特点很接近。

囚犯每天过的就是单调乏味的程序化生活，他们对无聊的感触应该最深。事实上，有些周末的下午也会给我们相似的感觉，因为我们觉得时间过得太慢了。[20] 从消极的角度来看，无聊是一种对时间的近距离感知，这种感知还不容易消失，没有什么可以起到刺激的作用。人类自己以一种不愉悦的方式去接近自己，却不知道这都是自我的。**无聊正是人类自己随着时间的流逝而直接感受到的真实存在**。这样一来，我们对时间和主观性的感知就一起出现了。**无聊以一种令人不快的方式加剧了自我感知和对时间的感知**。从自我调节的意义来讲，改变这种状态需要“做点什么”，而事实上，无聊感经常使得我们自己决定要避免它，但是每一个漫长慵懒的周日下午我们都是躲不开的，哪怕看电影或者朋友聚会都没用。

对我来说，无聊的周日下午我常常是自己一个人待着，静静地感知自己和时间。按照神经生物学的解释和自我意识的独特理论，可以猜想，无聊感在前脑岛极其活跃。所有与脑岛有关的因素也都可以在无聊感中再次出现，比如说，我们通常说的机体与感性，还有不断增加的主观性和暂时性。按照哲学家的说法，我们可以说：自然就是在无聊的状态下，自己痛苦地意识到自己的。[21] 这种感觉与自我感知关系密切，但同样混杂着一种空虚感，即被观察的对象（本我）似乎是不存在的，但是当我们感到空虚时，主观性便加强了。

加速——我们如何控制生活节奏？

如果无聊说明我们的时间太多，那么时间太少又意味着什么呢？如果说无聊的这段时间附加上了一些关于加强“本我”的不愉快的体验，那么反过来说，没有时间就使得“本我”的感知能力弱了一点。哲学家马丁·海德格尔（1889—1976）将时间与本我合二为一，[22] 并且在以“无聊”为主题的演讲中详细论述了这一点。[23] 他阐述了人们经常遇到的“没有时间”的状况，具体如下：

到最后，“没有时间”造成的损失比浪费时间造成的损失要大……也许，在我们拥有时间的这一刻，存在着平衡和“此在”的确定性。自我存在，至少是指“此在”的本质不能被任何其他事情所影响……“没有时间”这句话听起来似乎很严重，可能为“此在”带来最大的损失。[24]（出处同上，195）

这段话的核心意思就是说，一个人如果没有时间，那就意味着迷失了自己。日常生活中的事务占据了我们很多时间，使得我们无法感知自己，比如说那些忙于社交的人，自然有很多不同的体验。但如果一个人日日寝食难安，无法好好休息，忙完这个就忙下一个，那他很有可能会没头没脑地在日复一日的奔波忙碌中迷失自己。按照上面我们说到的哲学观点来看，可以说没有时间就没有自我。近来，人们把这个论点与社会和科学的加速发展以及“时间危机”再次联系起来，使其成为讨论热点，特别是社会学家哈特穆特·罗萨在他的《加速》这本书中也对这一话题进行了讨论。[25]

在罗萨看来，“加速”已经成为我们当今社会的基本准则，谁都摆脱不了。首先是科技加速，典型的例子就是洗衣机和洗碗机这类技术设备，它们在时间上减轻了我们的负担。再比如说，在19世纪中叶的时候，人们旅行需要花几天甚至几周的时间在路上，而现在，先进的交通工具让我们在几个小时内就可以到达世界任何角落。但是悖论却出现了，我们省下来的时间并没有让我们感觉到我们的时间变多了，相反，我们都在哭诉“没有时间”，其原因就在于**科技让我们一天可以做更多的事情，所以省出来的空闲时间又再次被新的工作和约会所填满。**

除了科技加速，我们的生活节奏也变快了，[26]比如说我们的行为必须在特定的时间段完成，很多人觉得完成某件事情的时间变短了，时间压力陡然增加了。这种时间压力有时候是可以感受得到的，比如上班的间歇喝咖啡这件事已经不是一种消遣放松了，因为喝完还有一堆工作在等着你，所以为了早点完成工作，喝咖啡的时间自然就缩短了。除此之外，科技加速也改变了我们的预期。举个例子，以前我收到一封信可以几天后再回复，要是不着急的话我还可以几周后再回复；现在如果我收到一封电邮，我就经常要几分钟后回复，最晚也要在当天回复。

生活节奏的加速与当前的信息及相对应的行为选择是同时出现的。我们可以同时做越来越多的事情，这根本不足为奇。比如边做饭边看电视，边打电话边发邮件等，这些行为都是平行发生的，但同时做这么多事情也使得每件事情都做得没有那么细致。

对现代社会的批判意见加重了紧张感，这些意见包括哲学家们对时间和自我的阐述，也包括其对社会状况的判断。对加速持批判态度的人认为，生活节奏的加速是造成不幸福和失去本真生活的原因。如果所有的事情都必须同时去做，还要快速完成，那么大家就会没头没脑地盲目干活，在忙碌中迷失了自我。[27] 继续这样的话，我们就不再是我们自己了，也不能停下来休息，因为手机随时会响，我们必须时刻待命。

所以，我们也许应该放平心态去应对身边的这种“加速文化”，但是不管怎么样，终日风风火火、忙忙碌碌，然后为自己安排一个昂贵的冥想周服务是不可取的。[28] 在第三章我们详细讲了如何让自己专注：活在当下。发生在我们身上的每一个有关注意力的小小变化都是控制日常生活节奏的关键。如何使用时间，这可没有参考指南，其实，**对时间的管理，本质上是看一个人会不会巧妙地处理自己和自己的感觉**。例如有时候，我们主观上感觉似乎要在短时间内完成成山的工作，但是如果好好计算一番的话，这些工作量其实是很小的——不过前提是我们要认识到，我们其实是带着感情色彩对待工作的。仔细想一下：让你痛苦的到底是明天开会要遇到的那些讨厌的同事还是工作的数量和难度？我们想象中的不愉快的场景和眼前相对好一点儿的真实情况大相径庭，这种差异就让我们感觉到时间的压迫感。可见，**造成时间压力的并不是现实，而是我们的想象**。与社会约束类似，如果我们和一堆不认识的人去参加某个活动，工作上带给我们的职业压力往往会像我们乱七八糟的想法一样消散掉，这一点相信我们都深有同感。

如果我们想用心体会当下，了解情绪反应和脑海中自动产生想法的真正原因，就可以训练自己的注意力。“减速”可以对情绪的自我控制感产生作用。这一点和学习外语很像，比如刚开始接触一门新的外语时，我们觉得这门语言的母语者说话真是太快了。后来，随着我们语言能力的提高，我们明显感觉母语者说话的速度慢下来了。也就是说，如果在学习过程中对能力加以控制的话，那么我们就会感觉进程似乎慢下来了。

保持不慌不忙的关键还在于对外部因素的控制。事实上，**时间压力并不是完全由每个时间单位的工作量造成的，而是我们被强加了工作任务，却对此无能为力，并且职位越低，感到的工作压力就越大。**[29] 目前的趋势是，如果一个职员在公司的职位越高，那么他的工作量和工作时间也就越多。尽管如此，职场上的晋升却可以减轻生理和心理的压力，这也解释了为什么底层员工的工作量往往被夸大。有一句著名的组织心理学名言："一次做好一件事。"如果老板们都根据这句名言来做事的话，那他们就可以很轻松地分配好自己的工作了，秘书可能本来正好好地做着手头上的工作，突然新的任务砸过来，还被老板"礼貌"地要求迅速做完。更可怕的是遇到不擅长处理人际关系的老板，这就更让人觉得工作压力陡然增加了。

要想掌控好生活节奏，可千万别轻信那些老生常谈的东西，我在这里只是给点儿小建议。[30] 比如，在工作间隙的时候，考虑到房间中不吸烟的同事，吸烟的人可以在门外吸完再进屋。在工作中，客户的电话催命似的响个不停，邮件轰炸也开始了，报表截止日期也要到了，别急，深呼吸。我们脑子里的想法不断地涌现，又陆续消失。**我们可以在忙碌的一天中安排固定的休息间隙，让我们养精蓄锐，再次充满活力，所以这些休息时间同样也是休整时间。**如果我们不去想这些烦心的事，那么大脑就可以涌现出许多好的创意和想法。其实，这就类似于让大脑好好休息一下，这样我们就知道什么应该先做，什么应该后做，看似纷繁芜杂的工作一下子就变得井井有条了。

经常出差的商人总调侃，有时候自己一大早在酒店的床上醒来，甚至不知道自己身在何处。现在飞机可以在几个小时内把我们带到世界上的任何一个地方，我们有可能一天换一个地方，比如说从法兰克福到北京坐飞机只需要 10 个小时，这就是科技造就的速度奇迹。游客再花上几个小时去适应新环境，可以直接了解一个地方的风土人情，而不再需要依靠大屏幕上的电影了。就算只是从慕尼黑坐火车到奥斯纳布吕克，我们也有充足的时间去好好感受旅行本身的意义。

但是，另一个不利因素是工作和空闲时间的交叉。报纸的显眼位置总报道一些成功的创业者的故事，对他们而言，工作和自己的空闲时间之间早已没有区别，但是在他们看来并不一定是压力（至少短期内不是），因为这都是他们自己选择的，也许每一分钟对他们来说都意味着成就和金钱。但是对那些工作时间固定，又拿着固定工资的普通员工来说，也许下班后关掉手机比较好，工作邮件也别在下班后看，最好就是下班后回到家，在孩子睡了以后，花 1 个小时专心地做点儿自己喜欢的事情。比如说，读读普鲁斯特的《追忆似水年华》，培养一个收藏爱好，自己或者找个伴儿一起去散散步等，都可以。就是类似于这样，每天花 1 个小时专心致志、心无旁骛地做一件事情，或者在沙发上坐 15 分钟，什么都不做，把注意力集中在自己身上，问问自己：我现在是什么姿势？我有哪里不舒服吗？我最近怎么样？也就是说，每个人都有自己的方式去让自己的思维驰骋，去观察这个世界，去更好地应对这个世界的“加速”。

但是，对时间过于严苛的管理又会适得其反，因为这样相当于又给生活戴上了镣铐，反而增加了时间压力（比如说，我现在要赶紧放松，因为等一会儿洗衣服的时候我就要集中注意力了）。其实，泰然自若并不是一朝一夕可以练就的本领，也许，泡个温泉，享受一顿美食，或者试着改变自己的心态，都可以改变我们的生活节奏，而这些我们都是可以在生活中办到的。“做中学”，就是一个很好的学习方法，让我们一点点取得进步。

便利带来了高效，并让我们从中获益：我们可以从书店很快地拿到之前订购的书；坐在沙发上就可以在线填表格；救护车几分钟内就可以赶到现场……这些都是科技加速的优点。毫无疑问，人们离不开生活节奏的加快。试想，如果你不管不顾地去度假，一个礼拜后回来，邮箱里可能就会有 143 封邮件等着你呢。社会的速度我们无法改变，老板扔过来的新工作任务，我们也无能无力，但是**我们可以学着避开那些会引起压力的潜在因素，比如学着控制，以此来避免我们的消极情绪**。科技和社会给了我们选择自己想要的生活的机会，但同样也带来了风险，比如当面对不断加快的社会节奏时，我们会变得不知所措。如今，对这种节奏的控制在各个工作领域都已成为不言而喻的必备技能，只有具备这些技能，才能找到自我和属于自己的时间。

注 释

1. 伊曼努尔·康德在《纯粹理性批判》中对这一问题给出了建议，当时他还没有把主体当作世界的一部分来看。主体构成（现在的说法：构造）了世界，但它自身并不是世界的一部分。因此，主体是一种超越，也就是说，内在和外在的感知是有条件的，这个条件存在于主体之中，并且有了这个条件我们就可以掌控作为客体的世界。这个条件首先是经验（先验），这样一来，主体就不再是体验到的世界的一部分。路德维希·维特根斯坦的《逻辑哲学论》（5.632）简明扼要地论述了这一点。主体不属于世界，而是世界的某个界限，就好像眼睛（主体）和视野（包括的客体）之间的关系。在维特根斯坦看来，“被眼睛看到的东西都在视野中”（5.633）。琅勃特·维兴（见注释 2）这样解释：“证明‘自我’并没有什么特别的证据，如果非要有证据的话，那么‘自我’就无法实现了。自我认知是不存在的，因为‘自我’本身就是一个神秘的存在。”（引文出处同上，122）

2. 路德维希·维特根斯坦 . 感知的自己 . 观察 . 美茵河畔法兰克

福：苏尔坎普出版社，2009.

3. 扎哈维．主体性与个性．第一人称视角的调查．剑桥，麻省：麻省理工学院出版社，2005.

4. 扎哈维。（引文出处同上，126）

5. Metzinger T．自我隧道．关于自我的一种新哲学：从大脑研究到意识研究．柏林：柏林出版社，2009. 这是一部关于“自我模型”的百科全书式的作品，包含很多哲学和神经科学的思想和发现。Metzinger T．默默无闻：主体性的自我模型理论．剑桥，麻省：麻省理工学院出版社，2004.

6. 问题是，通过从“事物”到“过程”这一概念性的主体性转变，是否可以彻底改变人的自我形象。最终结果是，尽管与理论相违背，但是我的“自我感觉”依然存在。无论我接受笛卡儿的“我思故我在”，还是我接受 Thomas Metzinger 的大脑自我模型的激活模式，我的意愿、行为、恐惧和希望都不会发生变化。（引文出处同下）

7. 这一想法很受恩斯特・波佩尔的赞赏。参见：恩斯特・波佩尔．意识的限度：关于现实与处事经验．慕尼黑：德意志出版社，

1988.

8. F.G.J. Schelling 的这一思想，在海德格尔的“现象学的基本问题”讲座中被采纳，吕迪格尔 · 萨弗兰斯基将此总结记录下来。吕迪格尔 · 萨弗兰斯基 . 来自德国的大师：海德格尔和他的时代（第 6 版）. 美茵河畔法兰克福：菲施尔出版社 , 2009: 229.

9. 俄罗斯神经心理学家亚历山大 · 鲁利亚形象地描述了大脑的基本功能以及脑损伤后出现的障碍。亚历山大 · 鲁利亚 . 运动的大脑 . 神经心理学原理 . 汉堡：罗沃尔特出版社 , 1992.

10. 安东尼奥 · 达马西奥 . 自我：身体、大脑，还有自我意识的产生 . 慕尼黑：希德勒出版社 , 2011.

11. Craig AD . 你感觉怎么样？身体的生理状况 . 自然神经科学 , 2002, 3: 655 - 666.

12. Craig AD. 你现在感觉怎么样？前脑岛与人类意识 . 自然神经科学 , 2009, 10: 59 - 68；Singer T, Critchley HD, Preuschoff K . 脑岛在感觉，同情与不确定下的角色 . 认知科学趋势 , 2009, 13: 334–340.

13. Kiverstein J. 意识，最小的自我和大脑 . 精神 , 2009, 15: 59–74.

14. Medford N, Critchley HD . 前岛和前扣带皮层的活动交合：意识与回应 . 脑结构与功能 , 2010, 214: 535–549.

15. Paulus M . 决策精神科功能障碍——改变自我平衡处理 . 科学 , 2007, 318: 602 – 606.

16. Paulus MP, 莫瑞 · 史坦 . 狭隘焦虑观 . 生物精神病学 , 2006, 60: 383 – 387.

17. Craig AD, Chen K, Bandy D, Reiman EM . 导叶皮质活化传感 . 自然神经科学 , 2000, 3: 184 – 190.

18. 关于解释鸿沟，1872 年，生理学家埃米尔 · 杜布瓦 · 雷蒙在著名的演讲《关于自然知识的界限》中对此进行了解释。他认为，可感觉到的状态通常不能通过大脑状态的神经生物学知识进行感知。布莱梅的神经生物学家汉斯 · 弗洛尔讨论了埃米尔 · 杜布瓦 · 雷蒙的观点，尝试证明，可感觉到的意识的产生是可以通过神经生物学来解释的。参见：汉斯 · 弗洛尔 . 意识的生理基础 // Elbert T, Birbaumer N. 心理学百科全书 . 心理学生物基础（第 6 册）. 哥廷根：Hogrefe 出版社 , 2000.

19. Allman JM, Tetreault NA, Hakeem AY, Manaye KF, Semendeferi

K, Erwin JM, Park S, Goubert V, Hof PR. 类人猿和人类的神经元额叶岛与前扣带皮质神经元 . 脑结构与功能 , 2011. 214: 495–517.

20. 这里推荐阅读 Peter Toohey 对此的说明，他的文章可以带领广大读者进行一场关于“无聊”的融合着艺术科学、文学以及心理神经生物学的旅行，文章短小精悍。Peter Toohey. 无聊 . 真实的历史 . 纽黑文：耶鲁大学出版社 , 2011.

21. 无聊包含很多部分。无聊表明时间性和存在。自我感知到无聊也同样是感知到时间性和存在。只有从更广阔的意义上看生命的时间性和有限性，才会出现无聊，因为每一个“本我”在时间上都可以延伸。有兴趣的读者可以参看马丁 · 海德格尔的《存在与时间》。他的《现象学的基本问题：世界、终结、孤独》就包括“无聊”这一思想。（见注释 23）

22. 马丁 · 海德格尔解释的时候套用了奥古斯汀的《自白》中的内容：“在你的身上，我用我的大脑衡量时间，也衡量你，这样我就衡量到了时间……当我衡量时间的时候，我的自我发现衡量我。”选自马丁 · 海德格尔 . 时间的概念（马尔堡演讲 1924）// 全集 64. 图宾根：维托里奥 · 克洛斯特曼出版社 , 1989: 11.

23. 参见 1929/30 冬季学期课程读物：马丁・海德格尔 . 现象学的基本问题：世界、终结、孤独（全集 29/30 册）. 图宾根：维托里奥・克洛斯特曼出版社 , 1983.

24. 琴恩・盖保瑟以类似的方式论述了“没有时间”这个话题：“我没有时间”，这句被无数人说过的话是一种疾病。从消极的角度看，“时间”是人最担心的。一个人说的、信仰的，都和时间有关，也就是说，他同时在表达“我没有灵魂”或者“我没有生命”，这就很可怕了！琴恩・盖保瑟 . 盗走的时间 . 沙芙豪森：诺瓦利斯出版社 , 1995.

25. 该社会学话题参见：哈特穆特・罗萨 . 加速，现代社会时间结构的变化 . 美茵河畔法兰克福：苏尔坎普科学出版社 , 2005. 另一篇哲学论文：Han BC. 时间的空气 . 比勒菲尔德：Transcript 出版社，2009。这是一篇关于停留的艺术的哲学论文。一些大众化的观点可以参见：Geissler KA . 只有我没有时间 . 走近时间文化 . 慕尼黑：Oekom，2011。

26. 在罗萨看来，生活速度的提高可以从四个方面体现出来，在这四个方面的每个时间段出现的行为和经历的数量也在增加：

（1）行为的加快：我们走、写、读、谈论、吃饭都更快了；（2）休息时间的缩短：喝咖啡时间和饭后散步都取消了；（3）多任务处理：边吃饭边看新闻，边打电话边写邮件；（4）快节奏取代了慢节奏：我们不再做饭了，因为微波炉加热比萨更快。（引文出处同上，199）

27. 米兰·昆德拉在他的小说《慢》中这样描述这种感觉："速度是喜悦的形式，是科技革命送给人类的礼物。和摩托车骑手相反，跑步的人始终依靠自己的身体，不断逼着自己忍受脚上磨出的水疱和上气不接下气。跑步的时候，他可以感觉到自己的重量、自己的年龄，更加可以感知自己的生命。但是如果人靠机器来借助速度的力量，一切都不同了：从那一刻开始，肉体已经出局了，人会迷醉于这种无形的纯粹速度中，获得速度带来的喜悦。"（米兰·昆德拉．慢．卡尔汉泽尔出版社，1995：6.）

28. 2012 年 1 月 11 日，克里斯蒂安·盖尔曾经在《法兰克福汇报》上发表过一篇关于社会加速的批判者和文化减速的支持者之间的趣味性辩论的文章。

29. 斯坦芬·科兰奈在《时间：生命的来源》中详细解释了工

作中时间感觉和生活压力之间的关系，这也是一本时间的使用说明书。(Klein S. 时间：生命的来源 . 美茵河畔法兰克福：菲施尔出版社 , 2006.)

30. 斯坦芬·科兰奈在他书的后记中阐明了控制时间的一系列方法。这一系列方法远远不止本书这里提到的这些，还有例如："庆祝"并且尽情享受空余时间，体验每时每刻，专注地学习，在被提出工作要求的时候掌握优先权等。(引文出处同上)

第七章

身体时间：时间意义是如何产生的

如果把人放在一个隔离舱中，剥夺了他对外界事物的感觉，比如看、听、闻等，只保留身体的存在，这样的环境下，人会感觉时间过得极其漫长，这说明，我们的感觉和时间有关。事实上，最近的研究表明，身体机能，尤其是心跳，参与到感知时间持续的过程中，身体就好像我们感知时间的时钟一样。

我们专心考虑某件事情的时候，其实是感知不到时间的。我们可以感知颜色、声音还有温度，但并不能感知时间。通常来说，感知指的是存在的质量，例如颜色、声音或者温度等，这些都是特定的感觉器官传达给我们的信息。那么时间感知又和什么感觉器官有关呢？这一点尚不清楚，因为并没有专门用来感知时间的感觉器官。

有一种说法是，时间感知可能与对变化的感知有关，也就是说，我们感知的并不是时间，而是变化和运动。[1]变化向我们揭示了时间的流逝。比如，从大的方面来看，我们记得起来秋叶的变化，镜中的一瞥提醒我们的衰老；从小的方面来看，我们可以感觉出来几秒内音乐旋律的流转。正是因为我们感受到大千世界的无数变化，各种事物才产生了时间上的联系，比如说先发生 A，再发生 B，我们可以感知到发生的事情和它们时间上的联系。但是如果我们无法从外界获取信号，无法感知到变化，会怎样呢？时间还存在吗？

美国医学家 John C. Lilly 在 1950 年因对研究海豚的沟通行为而声名大噪。在随后的几十年中，他运用一些非常规的手段来进行人类意识研究，比如他曾经试图在实验中使用药物和毒品改变意识状态。[2] John C. Lilly 也被视为“感觉剥夺实验”的继承者，他让被试者产生了类似幻觉的体验。在实验中，他让被试者进入装满水的舱中，这样就最大限度地消除了感官刺激。舱内漆黑一片，并且被屏蔽了声音，被试者戴着耳塞，降低了噪声的干扰，所以几乎听不到任何声音。舱内是高盐度的水，所以人可以背朝下浮在水面上。水温和空气的温度都随着体温变化，以降低静止状态下机体对温度的感知。除此之外，被试者皮肤裸露。也就是说，被试者是完全一动不动地待在舱中，看不见任何东西，听不见任何声音，也闻不到任何气味。

这里用到的诸多技术手段的目的是屏蔽外界刺激，专注于被试者本身。至少使用这样的密封舱可以很简单地实现这种屏蔽。但是也有对如此极端环境下进行剥夺感觉实验质疑的声音，他们认为浮在密封舱中，又被屏蔽掉外界的刺激，这本身就是一种改变。一个人如果在这样的环境中待得久了，就会焦躁不安，皮肤也会感到刺痛，接着，机体感觉和空间感都改变了，最终甚至可能出现幻觉。被试者的大脑已经与外界隔绝了，开始构建一个自己的世界。虽然大部分身体感知都被暂时剥夺了，但是有一点是不管怎样都无法屏蔽的，那就是体感，肌肉和器官发出的信号仍然不断进入大脑。机体的存在具有持久性，如果研究一下呼吸和心跳，我们就会发现有些体感会周期性地出现。

在感觉剥夺的状态下，人对时间的感知并不会消失，虽然在较长的时间段内，人们的时间导向感会严重受损。这项实验的被试者，在这样的环境下待了几个小时后，对自己在舱中待的时间严重错估。[3] 由于这样极端的实验条件极其少见，被试者对其保留的记忆并不多，所以他们对自己在舱中待的时间的估计明显短于真实情况。可是，单就这一情况本身来看，通常在不愉快的体验中人们会感觉时间过得很慢。在隔离条件下，对时间的感知是与意识的变化和身体状况的变化都有关系的。因为实验避免了其他干扰因素，与被剥夺的感官相反，只有身体机能仍保持活跃状态，所以人感觉时间变得极其漫长。

身体时间——时间观念和体感是如何互相联系的？

加洲大学圣地亚哥分校（UCSD）的马丁·保罗斯、艾伦·西蒙斯和 Irina Strigo 曾经做过关于患有毒品依赖、焦虑症和抑郁症病人的复杂决策和情绪调节的调查研究。这项研究通过功能磁共振成像（fMRI）技术得出结论，许多精神病患者群体的脑岛皮层的活跃度显著提高（在脑岛结构和功能方面，参见第六章）。功能磁共振成像（fMRI）技术使承载着我们的心智过程的大脑活动逐渐变得清晰起来。

正是因为脑岛和其他大脑结构都参与了评价事物的过程，所以患者脑岛活动的过度激活给失衡的评价系统打上了神经生物学的“标记”。尤其是患有焦虑症或抑郁症的病人，如果他们经历让自己很不愉快的事情，或者他们自己觉得很不安的事情，那么他们前脑岛的活跃度就会提高。[4] 当遭受不愉快的体验时，病人的脑岛就会过度活跃，产生过激的情绪反应。这时如果服用抗焦虑药物的话，活跃度就会显著下降，这也是药物发挥疗效的神经生物学依据。[5]

凤凰城巴罗神经学研究所的巴德·克雷格与圣地亚哥分校（UCSD）的研究人员紧密合作，克雷格的研究对当今人们感知身体的神经生物学基础的普遍看法产生了决定性影响（参见第六章）。当我还在圣地亚哥分校利用功能磁共振成像研究时间感知力的时候，Craig 就根据他对脑岛构造和功能的看法提出了关于时间感知力的新理论。[6]

其实，我对时间感知力的研究只是圣地亚哥分校研究的一段小插曲，因为从根本上来说，我的研究任务非常简单。被试者需要躺在功能磁共振成像扫描仪下，精确估算听到的声音的持续时间，我们随机提供的声音持续时间从 3 秒、9 秒到 18 秒不等。被试者首先听到的是一段具有指定时长的声音（默认刺激），短暂休息一会儿，会接着听到第二段声音（可比刺激），当觉得这个可比刺激声音的长度达到默认刺激声音的长度的时候，被试者要按下按钮，可比刺激声音就会停下来。就这样，被试者先听不同长度的声音，再通过按按钮来重新截取各段声音的时长。[7]

这项研究的新颖之处就在于，在实验中还从没有出现过 18 秒的时间间隔。所以我们可以别出心裁地好好利用这一点，试着研究声音间隔出现的时候，脑活跃度的时间进程。由于受到功能磁共振成像技术的限制，时间分辨能力相对较低，所以对大脑活跃度的研究通常以 2 秒为单位来进行。对 9 秒和 18 秒的声音长度来说，以 2 秒为单位来进行观察，在时间上是完全足够的（参见图 11）。

在默认刺激出现时的测量很有意思，因为对时间持续时长的主观感受就是在这段时间产生的。大脑内部的时钟负责对长达几秒的时间段的主观感受的形成，分析预设间隔对找到这个时钟非常重要。脑岛内，准确地说是后脑岛内的情况显著表明：随着声音持续时间的增加，所有被试者的后脑岛内的平均活跃度都提高了，直到默认刺激结束时才恢复。在 9 秒时长的条件下，活跃度大约在 9 秒达到峰值，而在 18 秒时长的条件下，活跃度大约在 18 秒后达到峰值（参见图 11）。

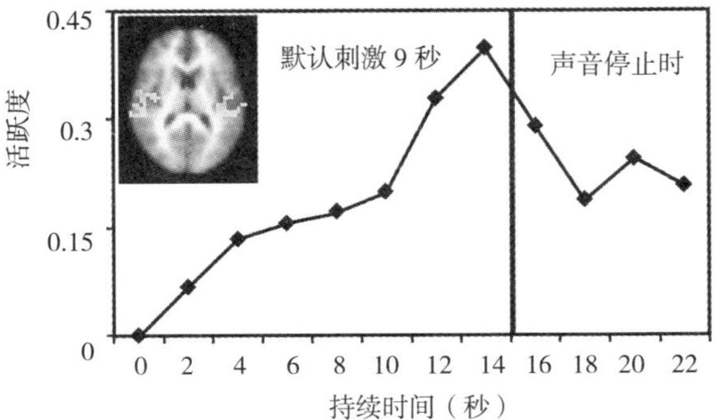

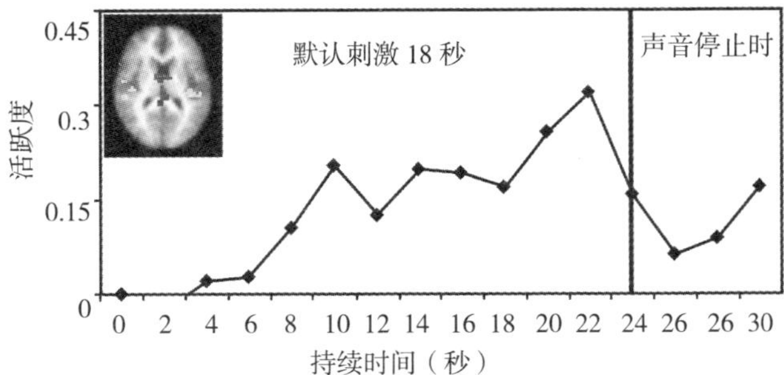

图 11：右后脑岛（两张大脑图片中标注的深色部分）的活跃度呈现直线上升，在时间间隔结束时（声音停止时）达到高峰。由于以 2 秒为单位的时间分辨度不够精确，因此看起来活跃度在声音停止前再次降低。外界刺激引起的活跃度的最大值在刺激出现后 6 秒才出现，所以刺激持续时间需要增加这一时间段。因此，在默认刺激为 9 秒时，图中在 15 秒处表示声音停止；在默认刺激为 18 秒时，图中在 24 秒处表示声音停止。

对于大脑活跃度的研究，我们可以根据电影《非常嫌疑犯》中的经典理论来大胆猜想。大脑的各个区域是与时间感知力联系在一起的，例如小脑、基底前侧或者右小脑。但是，在计算大脑活跃度的时候，脑岛皮层却显示出与持续时间相联系的不断上升的活跃度。[8]

这是偶然还是必然呢？还有一个惊人的巧合就是：我在实验室工作的时候，主要是研究脑岛皮层的功能，结果发现脑岛参与了时间感知过程。对脑岛皮层活跃度的研究结果，在另一个采用同样设置的实验中也被发现了，而巧合的是，马丁·保罗斯也做了这个实验。事实上，研究结果的得出都是我们对脑岛功能多年不断研究的必然结果，所以说，取得这样的成功是必然的。

人体的肌肉和各器官发出的信号在后脑岛皮层出现（参见第六章），这一点对于机体意识的表达非常重要。从前文介绍的由时间感知的研究成果得出的猜想来看，为了估计秒时间范围内的持续时间，机体信号汇聚成了一个整体。事实上，并不像有些研究人员设想的那样，大脑里并不存在一个专门负责感知时间的时钟，为了感知时间，身体不断地向大脑发出信号，这些信号会聚集在一起。声音有多长呢？这和到达大脑的身体信号的数量是对应的。为什么有些声音比较长呢？因为它对应的聚集在一起的身体信号比较多。因此，对时间的感知是以身体机能的感知和整合能力为基础的。

大多数心理学方向的大脑研究中，没有哪个实验是可以解答全部疑问的。如果仔细研究图 11 的话，我们会发现，18 秒时间间隔条件下的活跃度峰值并没有 9 秒时间间隔条件下的峰值高。人们往往以为，时间越长，身体信号就会出现得越多。这个想法可经不起推敲，我们必须用其他方法来检验它是否正确。有一点是明确的，即身体信号可以构建主观时间的基础，这也引出了后来慕尼黑大学医学心理学研究所的实验。

这里先插一句，许多其他时间研究参考了我们刚刚介绍的功能磁共振成像实验，越来越多的运用功能磁共振成像的时间研究集锦（极大量的研究合集）表明，脑岛皮层活跃的频率其实非常高。这就是采用功能磁共振成像技术进行研究的弊端了，因为大脑不同的区域基本是同时活跃的。夸张点儿说，每个研究人员其实都是拈轻怕重的，他们只是专注于自己比较擅长研究的脑内区域，一旦有了新发现，就会感觉自己印证了自己的猜想，于是就忽略掉其他同样活跃的大脑区域。大量研究也表明，通过对不同活跃群体的粗略计算，除了其他区域，脑岛也频繁参与到人类对时间的感知过程中。巴德·克雷格首先发现了这一点。[9]

还有一种假想认为，原则上，不断增加的大脑活跃度有可能是人体内在时钟的运作机制。通过对白鼠、老鼠、鸽子还有猴子做的大量动物实验得出的关于大脑活跃度的研究结果，证明确实是有证据支持这一说法的。实验中，这些动物需要在某个固定的时间间隔后按压操纵杆或拨片，和功能磁共振成像实验中人类一样，它们脑内的活跃度也在按压行为后某个时刻达到峰值。所以，脑内可能是存在运作机制的，通过它，大脑活跃度持续上升，直到达到某个临界值，比如峰值，这样，持续时间就产生了。[10]

在慕尼黑大学医学心理学研究所的卡琳·迈斯纳指导下，研究人员第一次提出可以证明身体机能与预估时间长度有联系的证据。[11] 这项实验和我们上文说的功能磁共振成像实验采用的基本是相同的实验设备，只是被试者听到的声音的持续时间变短了。被试者也不是躺在功能磁共振成像仪器下面，而是皮肤上连接上电极和传感器，这样就可以测量心跳、呼吸频率和皮肤导电率这三个重要机体功能指标。这三个机体参数可以用来描述人的情绪状态。原则上，交感神经系统激活身体器官，副交感神经系统又让各器官镇静下来。机体或者情绪上的兴奋度的增加是靠交感神经活跃度的上升和副交感神经活跃度的降低表现出来的，比如心跳加快，呼吸频率提高，进而分泌出更多的汗，所以皮肤导电率也提高了。与此相反，机体或者情绪的放松是由副交感神经活跃度的上升和交感神经活跃度的降低来表现的，例如心跳和呼吸都变慢，皮肤导电率也降低。

实验提供给被试者的声音长度分别为 8 秒、14 秒和 20 秒，实验人员观测到，被试者的呼吸频率和皮肤导电率随着声音长度的增加而降低，并且在声音停止时达到最小值（之后被试者的呼吸频率和皮肤导电率再次上升）。另外，与时间感知能力联系更密切的是心跳频率。研究人员发现，不仅机体逐渐镇静下来，心跳频率也明显降低了，一直到声音停止时达到最低。因此，研究人员猜测，**时间感知的准确度也许和心跳频率之间存在着数字上的相关性，即心跳频率下降得越快，感知时间的误差就越小，时间感知度就越精确。**

这种联系是这样的，即关于时间的生理信号的组合，尤其是心脏的副交感神经信号的组合，是以主体表达出来的时间长度为基础的。所以，不仅是被试者的机体参数和预估时间段的能力之间存在联系，个体有意识地感知心跳的能力和感知时间的精确度之间也是有联系的。实验中，有一个测试是要求被试者在某个时间段内数自己 1 分钟的心跳。这项测试的目的是研究心跳感知，即人对自己的心跳有多敏感，是否可以有意识地感受自己的心脏。[12] 通过和后来实验中产生的新的时间段的对比，结果很明显，对自己的心跳感知越准确的被试者，对时间段的感知也越准确。

这样看来，**主观时间就是生理感觉的时间，也是对变化的感知的时间，这和身体机能有关**。所以在隔离舱中，人们对时间的感知更加敏锐。即使外部刺激已经最大程度地去除了，但是内在的体感，也就是时间观念，依然是存在的。**正是因为我有这具身体，我才可以感受到时间的流逝，我们的身体机能正是感受外部世界的时间参照。**

以此类推，放松和兴奋状态下的不同的机体状况也会让人对时间的主观感受不同。主观时间被认为是“身体时间”，当然这并不是说对时间段的体验等同于身体功能的有意识体验，也不是心跳或者其他什么身体机能有一个固定的运作时间，这显然是和事实不符的。身体机能只是为感知时间提供了基础，在此基础上，经过一级一级的加工，对时间有意识的感知就产生了。

身体节奏，感觉和时间观念

“身体时间”并不是个新概念，只是大脑研究学家和心理学家专注于研究时间感知，所以对“身体时间”甚少留意。19 世纪法国哲学家、诗人居盖扬就在他的文章《时间概念的产生》中论述了这个概念。[13] 婴儿产生生理需求之后，他们就有了“时间”的概念，比如他们饿的时候就会哭闹，这就产生了一种期望。婴儿在等待食物的过程中形成了对时间的感受，即从饥饿感产生到吃饱了平静下来的这段时间。在孩子后来学会爬行的时候，如果他想要远处的某样东西，他就必须采取一些身体上的行为来实现自己的愿望。同样，这样的情景中也存在着“期望”，居盖扬受此启发发展出“未来”这一概念。**时间的持续是指等待生理需求得到满足的这段时间，也是把空间连接在一起时机体活跃的时间。**

即使是新生儿也有一个初步的时间观，因此，如果节拍器的频率提高了，他们可以感知到自己吮吸的频率与其是不一样的。[14] 新生儿还可以感知到他们自己的周期性活动与不断出现的外在刺激之间在时间上的不同步。当胎儿还在母亲的子宫内时，他们早已习惯了母亲体内的很多自然节拍，比如在安静状态下，母亲的心跳频率少于 1 秒 1 次；放松状态时，母亲的呼吸频率大概是 3 秒 1 次。新生儿的心跳略快（大概每秒 2 次），这也和吮吸频率相对应。新生儿可以感知到反复出现的周期性身体信号，进而做出有节奏的动作。与心跳和呼吸一样，身体机能也扮演着一个内部时钟的功能，来测量外部环境的时间模式。毫无疑问，大脑中参与感知心跳的结构是右前脑岛皮层，英国的某项功能磁共振成像实验也同样发现了这一点。[15] 被试者对自己心跳感知得越准确，右前脑岛就越活跃。

脑岛皮层在对外界刺激的时间模式感知方面扮演着决定性的角色。图宾根神经科学家赫尔曼 · 阿克曼在功能磁共振成像的后续实验中，让被试者听不同速度的点击声，音频范围为 2~6Hz。[16] 实验结果表明，大脑的个别区域对频率比较敏感，比如当点击的频率提高时，小脑的活跃度就上升了。更引人注意的是，左前脑岛和右前脑岛各自表现出一种相对而又互相影响的活跃度，即点击的速度越快，左脑岛的活跃度就越高；而点击的速度越慢，右脑岛的活跃度就越高。音乐的节奏和速度与人体的运动、心脏和呼吸的活跃度甚至还有感觉都密切相关（尤其是舞曲），和速度、时间、生理感觉、情绪相关的因素都在脑岛的功能中得到体现。

本我的实践体验、意识、身体状况和感觉的感知都是互相联系、密不可分的，这些都是无法分离体验的（参见第六章）。希腊精神分析学家 Hartocollis 也意识到这一点，他在他写的关于精神病人的临床治疗的《时间与永恒》这本书中对此进行了总结。[17] 在他看来，很显然，自我认同的紊乱和其影响与时间定向感的受损、时间视角的变化还有对时间长度预估的干扰都是有联系的。实际上，许多实验都表明，患有抑郁症和焦虑症的病人通常会高估时间长度，[18] 在极端情况下尤为如此。比如说患有蜘蛛恐惧症的人，他们每隔 45 秒就必须看一下周围有没有活的蜘蛛，那么这些人和没有蜘蛛恐惧症的人相比，就会高估时间间隔。[19] 在极端高压情况下，所有人都会在主观上感觉时间变长了。有一个实验就是这样的：被试者都是第一次跳伞，让他们两两组队一起去完成“双人共伞”任务，其中觉得时间变长的那个人也确实是两个人之中更害怕的那个。[20]

社会心理学家也进行过一个秘密实验，[21]实验是这样的：在小组讨论环节，首先参与者互相进行自我介绍，然后分为两组。讨论结束时，一半的被试者（随机选取）会被单独告知，其他参与者对他们不感兴趣，这样就产生了一种社会排斥感；相反，剩下的另一半参与者却被告知其他人很愿意和他们合作。这种社会排斥感（表面上的）和社会接受感（表面上的）的对比，会导致很强的不受欢迎的感觉出现，如极度贬低自我价值、晕眩甚至休克。这种状况在后续的实验中不仅导致当前时间导向的增强，降低了等待的意愿（参见第一章），而且也造成了对 40 秒和 80 秒的时间间隔的过大估计，这说明社会孤立感延长了时间。这项研究表明，**不仅是极端情况会导致时间感知能力的变化，日常生活中的风波也会造成这样的结果。**

当然，当身体处于安静状态下的时候，我们也会感觉时间变长了，例如冥想或者在密封舱中的时候。这个时候我们往往把注意力放在了自己身上，所以时间就过得慢了，因为我们主观感觉时间变长了。一方面，强烈的生理兴奋让我们觉得时间长了；而另一方面，极度放松状态也会让我们产生时间延长的感觉。这是自相矛盾吗？乍一看是的，因为总体来看，不管是在兴奋还是在放松状态下，都会产生身体机能感知力的提高。许多冥想模式都会着重强调身体本身（例如“你可以感觉到自己的手臂是如何在地板上伸展的”）。通过这样的引导，人们就把注意力集中于身体的各个部位，感受温度和重量。同样，呼吸和心跳也是可以被感知的。**在我们感知身体和其运转过程的时候，我们就觉得时间似乎是变慢了。**[22] 所以，生理的存在产生了时间意识。

艺术和身体

2010 年，行为艺术家玛丽娜·阿布拉莫维奇在纽约现代艺术博物馆（MoMA）进行了关于时间和肉身的表演。在长达 3 个月的时间里，她每天就像雕塑般静静地坐在椅子上 7 个半小时，一动不动。[23] 因为期间她一刻都不能休息，所以她为此学习和训练了如何静坐。她还必须知道在非演出时段自己何时可以喝水，应该喝多少水，以做到在一天内不去厕所，以免表演中断。这次表演的名字叫“艺术家在当下”，观众可以坐在玛丽娜·阿布拉莫维奇对面，和她一起感受时间。对玛丽娜·阿布拉莫维奇这位行为艺术家来说，这是直接感知时间和身体存在的临界体验，不会被分心，当然也无法脱离。那场表演中，她始终是观众注意力的焦点，而吸引的媒介就是她自己的身体。阿布拉莫维奇将她自己的身体感知，包括紧张感，包括压力，都毫无保留地展现出来，她就这样代表了她自己的肉身，就这样近距离地感知到了时间的流逝。

注　释

1. 关于时间概念可以参看亚里士多德的《物理学》。

2. 约翰·利里 . 深度自我 . 巴塞尔：Sphinx 出版社 , 1988.

3. Schulman CA, Richlin M, Weinstein S. 幻觉与干扰的影响，认知和身体状态 . 感觉剥夺状态下幻觉与干扰，认知和物理状态 . 知觉与运动技能 , 1967, 25: 1001 - 1024.

4. 艾伦·西蒙斯，Stein MB, Strigo IA, Arce E, Hitchcock C, Paulus MP. 焦虑患者的前脑岛在呈现负刺激时不同的处理过程 . 人脑地图 , 2011, 32: 1836–1846；Strigo IA, Simmons AN, Matthews SC,Craig AD,Paulus MP. 在预期和热痛处理过程中与不同功能的大脑反应的关系 . 普通精神病学文献 , 2008, 65: 1275 – 1284.

5. Aupperle RL, Ravindran L, Tankersley D, Flagan T, Stein NR, 艾伦·西蒙斯 , Stein MB, Paulus MP . 在情绪画面出现时普瑞巴林影响岛叶和杏仁核活化 . 神经精神药理学 , 2011, 36: 1466–1477.

6. Craig AD. 互相感知和情感：神经解剖学角度 . // M Lewis, JM HavilandJones, LF Barrett. 感情手册（第 3 版）. 纽约：吉尔福德，2008: 272–288；Craig AD. 你现在感觉怎么样？前脑岛与人类意识 . 自然神经科学 , 2009, 10: 59 – 68.

7. 许多概念方面的内容必须仔细考虑，这里就不详细论述了。这里只举一个例子：为了避免实验者数秒计算声音长短，实验人员在试验中设置了第二个任务。被试者在每一次实验开始时必须记住四个数字，然后声音响起。在被试者按下截取时间的按钮后，会出现新的数字，接着被试者必须判断，这个新数字是不是实验开始时那四个数字中的一个，以此决定是否要按下按钮。实验人员认为，这第二个任务非常简单，并没有影响到时间感知，虽然使计算变得复杂了。特别是运用核磁共振成像技术（fMRI）对大脑活跃度进行间接的测量也产生了更多的挑战。在实验中测量的大脑活跃度，必须基于任务控制。这项时间实验中的大脑活跃度仅仅可以相对表现出任务控制。任务控制是这样设想的：对于相同的时间持续段，比如实验中产生的这些时间段，可以用声音来代表。被试者需要在声音停止的时候尽快按下按钮。被第二个任务中，被试者都必须集中精力，因为他们要记住相同的数字—记忆任务是一样的，还要做出反应—按按钮。在任务控制条件下，尽可能多地出现感知到的时间段，直到感觉到时间。对此的逻辑如下：与任务控制条件下的实验相比，时间感知实验中不断增加的脑活跃度可以仅仅归因于感知时间的过程。这点还有许多其他的技术和概念方面的研究内容可以参考：马克·维特曼，艾伦·西蒙斯，Aron J, Paulus MP．后脑岛时间流逝编码的神经活动积累．神经心理学，2010, 48: 3110－3120。Jan Churan、艾伦·西蒙斯在实验的设计和编程方面给予了我很大支持，我在此感谢他们。

8. 在呈现比较刺激时（在时间段产生过程中），脑岛前部、额叶的下螺旋还有内侧也会出现类似的活跃度上升。该活跃度在被试者按下按钮产生新时间间隔前达到峰值。在比较刺激出现时，呈现预设刺激时，后脑岛的活跃度向前脑岛转移，对这一现象的解释如下：呈现预设刺激时，首先出现了时间段的持续。在比较刺激出现时，必须设置一种元呈现，它可以比较首先听到的声音和刚刚听到的声音的长度。在 Craig AD 看来，脑岛前部参与了元呈现的复杂组成和创造（“我观察我自己”）（参见第六章）。

9. Craig AD. 跨时间的情感时刻：前脑岛时间感知的可能神经学基础 . 皇家学会哲学会刊 , 2009, B364: 1933–1942. 元分析总结可参见：Lewis PA, Miall RC . 对自动和认知控制时间测量的不同系统：来自影像学的证据 . 当代神经生物学 , 2003, 13: 250–255；Wiener M, Turkeltaub P, Coslett HB. 时间图像：体素分析汇集 . 神经影像学 , 2010, 49: 1728–1740.

10. 例子来源于动物实验的概要，可参见：Lebedev MA, O’Doherty JE, Nicolelis MAL. 皮层全体活动的时间间隔解码 . 神经生理学期刊 , 2008, 99: 166–186；Durstewitz D. 时间间隔的神经呈

现 . 神经学 , 2004, 15: 745–749.

11. 卡琳・迈斯纳，马克・维特曼 . 身体信号、心脏意识以及时间观 . 生物心理学 , 2011, 86: 289–297.

12. Pollatos O, Herbert BM, Kaufmann C, Auer DP, Schandry R . 长收缩运动下的感知性意识，焦虑与心血管反应 . 国际心理生理学期刊 , 2007, 65: 167–173.

13. 让・玛丽・居友 . 时间概念的起源 . 巴黎：阿尔康出版社 , 1902. 新版：巴黎：阿尔马丹出版社 , 1988. 德文版 : 让・玛丽・居友 . 时间概念的起源（Hablitzel H, Naumann F, 编辑）. 库克斯港 : Traude Junghans 出版社 , 1995.

14. Bobin–B è gue A, Provasi J, Marks A, Pouthas V . 听觉节奏对非营养性吮吸的内在节奏 . 欧洲应用心理学杂志 , 2006, 56: 239 – 245.

15. Critchley HD, Wiens S, Rotshtein P, Öhman A, Dolan RJ . 受神经系统支撑的感知意识 . 自然神经科学 , 2004, 7: 189 – 195.

16. 赫尔曼・阿克曼，Riecker A, Mathiak K, Erb M, Grodd W, Wildgruber D. 被动接受听力点击时小脑前部脑岛的速率独立活跃度：一项功能磁共振成像实验 . 神经学 , 2001, 12: 4087 – 4092.

17. Hartocollis P. 时间与永恒，或者时间的多种体验（精神分析索引）. 纽约 : 国际大学出版社 , 1983.

18. 关于此类实验的概要可参见：马克·维特曼 . 时间的内在感 . 皇家学会哲学会刊 , 2009, B 364: 1955 – 1967.

19. Watts FN, Sharrock R. 恐惧与时间估算 . 知觉与运动技能 , 1984, 59: 597 – 598.

20. Campbell LA, Bryant RA . 时光飞逝：新手跳伞员研究 . 行为研究与治疗 , 2007, 45: 1389 – 1392.

21. Twenge JM, Catanese KR, Baumeister RF. Social exclusion and the deconstructed state: Time perception, meaninglessness, lethargy, lack of emotion, and self-awareness. 社会排斥与结构状态：时间感知、无意义、嗜睡、缺乏感情和自我意识 . 人格与社会心理学 , 2003, 85: 409 – 423.

22. 与功能磁共振成像实验类似，冥想实验也有成像环节。在冥想时，身体和导叶皮质都被激活，可参见：Farb NAS, Segal ZV, Mayberg H, Bean J, McKeon D, Fatima Z, Anderson AK. 关于现在：冥想揭示自我参照的不同神经模式 . 社会认知与情感神经科学 , 2007,

2: 313 - 322.

23. 可参见现代艺术博物馆网站上关于表演“艺术家在当下”的资料：http://www. moma.org/visit/calendar/exhibitions/965。

致谢词

2004 年 10 月，借助马科希 · 卡德基金会提供的研究奖学金，我在加州大学圣地亚哥分校（UCSD）的精神病学系开始了我的研究工作，因此也有幸和马丁 · 保罗斯医生共处 1 年。我和来自苏黎世大学的神经系统科学家 Franz Vollenweider，曾经在使用迷幻剂的条件下检测时间感知能力的研究项目中共过事，也正是他促成了我和马丁 · 保罗斯医生的合作。

马丁 · 保罗斯和艾伦 · 西蒙斯进行过许多学术讨论，有了这样的理论支持，我的新研究在圣地亚哥的拉荷亚就这样开始了。受德国大学教育体系的限制，如果我不再被授予奖学金，那我的科研生涯就终止了。幸运的是，在那一年我被授予了 5 项奖学金。在 2004 年至 2009 年期间，一个研究论点产生了：对时间的感受取决于情绪和生理状况。正如我们发现的那样，身体感觉、情绪，还有对时间的感知都和脑岛皮层这一脑内结构紧密相关。马丁·保罗斯和艾伦·西蒙斯支持我借助功能磁共振成像技术来进行研究。多亏了两项来自第三方的项目的经济支持，我才在实验室度过了这段美好的研究时光，取得了研究成果。这是我和马丁一起申请的项目，感谢全美卫生研究所（NIH/NIDA）和圣地亚哥科维理基金会（KAVLI）脑研究所的资金支持。

另外，我和 Virginie van Wassenhove（当时他任职于加州理工学院，现就职于巴黎国家健康与医学研究院认知神经影像学部）还有亚利桑那州凤凰城巴罗神经学研究所的巴德·克雷格的合作，帮助我进一步研究大脑是如何感受时间的。巴德·克雷格是第一个创造性地以自己对神经解剖学和神经功能学的理解为基础，提出“脑岛皮层是时间感知的重要神经结构”这一论点的科学家。

其实我对时间现象的研究更早之前就开始了，因为早先我是学生助手，后来我成为了慕尼黑大学医学心理学研究所的恩斯特·波佩尔教授的博士生。我在 1997 年取得博士学位，2007 年获得在大学授课的资格，这么多年，恩斯特·波佩尔教授一直都是我的良师益友。

2000 年至 2004 年，我在慕尼黑大学医学心理学研究所的巴特特尔茨“代研究项目”中，带领研究团队进行“时间与意识”的研究。我非常感谢 Renate Ertlmeier-Maieli 给予我们的所有后勤支持。Martina Fink、Jan Churan 和 Pamela Ulbrich 都是这个团队的成员，我们一起研究，一起申请德国联邦教研部的两个项目。我们的两个提案被研究基金会拒绝了。Tanja Vollmer 对“濒死病人的时间感知能力”的研究项目也在那个时候出现了。这项研究是在格罗斯哈登医院进行的，得到了 Else-Kröner-Fresenius 基金会的经济资助。

从 2009 年 10 月开始，我在弗赖堡的心理与心理健康前沿研究所任职，与 Jiří Wackermann 一起继续研究时间感知能力，并且开辟了新的应用领域。我在这本书中提到的很多重要内容，都是我与慕尼黑大学医学心理学研究所的卡琳・迈斯纳和 Evgeny Gutyrchik 还有“代研究项目”中的 Niko Kohls 共同合作提出的。

感谢我的德国同事 Isabell Winkler、Dorothe Poggel、卡琳・迈斯纳、Katya Rubia、Evgeny Gutyrchik、Tanja Vollmer、Jacob Pacer、Niko Kohls 和马丁・保罗斯对本书的校对，他们从专业的角度提出了很多宝贵的建议和意见。

感谢我的朋友 Katharina Weikl、Jochen Rack、Klaus Meffert，当然还有 Oksana，他们认真研读了我的手稿，提出了很多批评和鼓励的建议和意见。

很多年前我告诉我的朋友 Dirk Thiel，我的研究就是在寻找可以感知时间的人体内在的时钟，他很简单地回答：“多明显啊，心脏就是内在的时钟。”当时我不相信，不过也许他说得对。

Marc Wittmann

2012 年 4 月于弗赖堡

图片来源

图 2：© Marc Wittmann

图 4：akg-images

图 5：© Dirk Thiel

图 6：Gutyrchik E, Churan J, Meindl T, Bokde ALW, von Bernwitz H, Born C, Reiser M, Pöppel E, Wittmann M (2010). Functional neuroimaging of duration discrimination on two different time scales. Neuroscience Letters 469, 411–415

图 7：Wittmann M, Lehnhoff S (2005). Age eff ects in the perception of time. Psychological Reports 97, 921–935

图 8：© Bayerisches Nationalmuseum, München, Inv. Nr. 20/212

图 9：© Blauel/Gnamm – Artothek